リーダーに勇気を、メンバーにやる気を与える5つのキーワード

Five Keywords

一般社団法人 PBLab.
代表理事
亀田耕司

はじめに

冒頭に申し上げますが、私は現役のリーダーだったとき、今振り返ると、最低のリーダーだったと思います。

もし今、その頃の私の部下の方々に出会ったなら、「あのときは本当に申し訳なかった」と土下座してでも謝らなければいけないと思っています。

そもそも私は大学卒業後に国内大手生命保険会社へ入社しましたが、その後、外資系生命保険会社よりスカウトを受け、生命保険のセールスパーソンとして働きだしました。

営業には自信があったため、約八年のセールスパーソンを経て、オフィスのマネージャーに昇格しました。

オフィスでは着任時十名だったメンバーをほぼ三年で三十名の大所帯にすることに成功しました。

オフィスの朝礼時には「現在の環境からターゲットとなる商品をいかに販売してゆくか」を部下に徹底した後、午前中は飛び込み開拓の同行、午後からは社員の同行訪問、夜は有力顧客の接待、土日もゴルフコンペや各種会合への参加など、ほとんど休みなしで働き続けました。

当初、「マネージャーになれば営業をしなくていいからラクになれる」と思っていたものの、実際にはメンバーは私が思っていたよりも動いてくれず、イライラして自分も相変わらず営業に走り回り、できることは全部自分でやってしまいました。

毎日のようにメンバーに対しての強烈なマイクロマネジメント、成績の上がらないメンバーに対してはパワハラじみた指導で追い込み、ともかくオフィスの目標数字を達成するためにやれることは全てやってきました。

ところがある日、体調不良にも関わらず働き続けた結果、オフィスで倒れ、そのまま病院に運ばれ六カ月間の入院を余儀なくされることになりました。その間、私がいないオフィスでは、歯が抜けるようにメンバーが一人減り、二人減り、着任時の人数に近いような状態になっていきました。そこで私は、これまで自分がリーダーとしてやってきた部下への接し方についての間違いに気づいたのです。

退院した後も、体調不安を抱えていた私は、周りの方々とも相談をしたうえで退職し、一念発起して保険コンサルタント業を経営する決断をしました。

昔ご契約いただいたお客さまに再会し、再度私のお客さまになっていただき、社員も少しずつではありますが雇えるようになっていきました。

また、私の今までの経験を何とか多くの方々にも伝えたい一心で、現在では保険コンサルタント業とは別に研修講師としての仕事も手掛けています。

それから約八年の月日が流れましたが、今回、拙著『リーダーに勇気を、メンバーにやる気を与える5つのキーワード』では、私の約二十年の失敗から学んだ管理職経験、および研修講師として登壇した際に多くの受講者の方々から得て気づいた点をまとめてみました。

働き方改革、ダイバーシティ、ハラスメント……などリーダーを取り巻く環境は今まで以上に厳しいものになっておりますが、本書からいくつかのヒントを得ていただき、実践の場で活かしていただければと思います。

まずは肩の荷を下ろして、ラクな気持ちでお読みいただければ幸いです。

亀田耕司

二〇一八年五月吉日

第2章 説明責任

第4章 強みへのフォーカス

第5章 脱カテゴライズ

第1章

自己開示

リーダーの一番の悩みとは？

私はこれまで講師として、一五〇〇〇回ほどの企業研修を受け持ってきました。そのうちの一〇〇〇回以上がリーダー層に向けた研修です。リーダーになりたての方から、ベテランといえる経験を積んだリーダーの方まで、多くの企業内リーダーと日々、直に接し続けています。

研修に際しては事前に、自分にとっての一番の問題を挙げてもらいます。問題は悩みと言い換えてもいいでしょう。そこで圧倒的に多い悩みは「部下の気持ちがわからない」ということです。

「仕事なのだから、部下の気持ちなどどうでもいい」と思い、いくら部下が口答えしようとも、指示通り動かなくても「つべこべ言わずにとにかくやれ」で済ます。

そういうわけにはいきません。確かに昔はそういう上司もいましたが、それではリーダーの役割を放棄しているも同然です。

リーダーの役割は、部下にただ仕事をさせることではありません。チームをまとめ、目標に向かって最大限の効率と効果を追い求めていくこと。それにより会社に利益をもたらすことにあります。

チームが目標を達成するためには、メンバー全員が目標を正しく理解し、想いを共有して、そこに向かうことが必要です。チームのメンバーがそれぞれのポテンシャルを発揮しやすい環境をつくること、各人が業務を通して成長していくことも重要です。

それがわかっているからこそ、多くのリーダーは「部下の気持ちがわからない」と頭を悩ませているのでしょう。私自身、会社員としてリーダー役に就いていたときは部下との接し方に頭を悩ませたものです。リーダーとして当然の悩みだと思います。

チームのメンバーが一丸となるために、リーダーとしてメンバーの気持ちを理解したい。そんなふうに考えた時点で、いいリーダーの素質は十分です。しかし、その気持ちを一度脇に置いてみてください。

仕事のために相手の気持ちを理解する。それは本来の理解とは違うような気がします。人間対人間として接し、相手を理解する。そんな想いがメンバーと気持ちを通わせるスタートラインになるでしょう。

部下にとって直属の上司の存在が一番のストレッサー

厳しい言い方ですが、これが現実です。いい上司、悪い上司ということに関係なく、「上司の存在そのもの」が部下にとってはストレスなのです。リーダーとなったら、それを覚悟してください。

「メンバーの気持ちを理解し、仲良くなればそんなことはないのでは……」というのは幻想です。自分自身のことを考えてみてください。上司がそばについていたほうが快適に働ける。そんな経験がありますか？　私にはありません。

どんなにいい上司でも、上司が出張に行くと「不安だ」「淋しい」ではなく「ちょっと息抜きできる」「気楽に仕事ができる」と思うはずです。また、そうでなくてはなりません。いつでもそばにいてほしいリーダーなど、メンバーの成長に貢献しません。

ストレスとはただ悪いだけのものではありません。適度なストレスは成長のために必要なものでもあるのです。

私がリーダーだった頃、出張でいない夜にかぎってメンバーたちが飲んでいるということがありました。私が飲みに誘ってもなかなか応じてくれないのに。

ある日の休憩室、メンバーたちが集まって楽しそうに談笑しています。盛り上がりぶりにつられて「楽しそうだな。なんの話？」と入っていった途端「別に、たいしたことではないです」などと言いながら、みんなそそくさと自分の席に戻ってしまう。そんな経験を何度もしました。

私の勘違いでなければ、それほどひどいリーダーだったとは思いません。ときには一緒に飲みに行くこともありました。メンバーの家族に何かあれば、一緒に心配もしました。もちろん、普通に談笑することだってありました。それでも、私はメンバーにとっては上司なのです。メンバーにとっては一線を引きたい存在なのです。

それは仕方のないことです。それでいいのです。先に「人間対人間として理解を」と述べましたが、それは馴れ合うこととは違います。「部下に仲良くしてもらわなければいけない」というのは間違いです。

上司と部下は仕事上の関係。そのうえで、人間対人間として互いを理解し、尊重し合えれば、良好な関係が築けるはずです。

孤独なリーダーの行き着く先

メンバーにとってストレッサーであり、いないほうが気楽と思われる。それは普通のリーダーです。ここでいう孤独なリーダーとは、何かあっても誰にも相談できない人のことです。

評価が下がることが心配で、自分の上司に相談することはできない。チームのメンバーにも頼ることができない。同僚はライバルだから弱みを見せるわけにはいかない。そんなリーダーのことです。

メンバーはチームの仲間です。自分はリーダーだからといって、ひとりで抱え込むだけでは、チームで仕事をする意味がありません。業務上の問題や課題はメンバーに相談し、ともに解決するべきです。

上司とも、なにかあれば相談できる良好な関係を築いておくべきです。もちろん、同僚とも忌憚《きたん》なく情報交換できる関係であればそれが一番よいでしょう。リーダーが円滑な人間関係を築けるということは、メンバーにとっても非常に有益です。

とはいえ、人間関係はなによりもデリケートで難しいものといえます。だからこそ、仲間であるチームのメンバーには、必要なことを必要なときに相談できる関係を築いておかなければなりません。

誰にも相談できない孤独なリーダーは、問題や悩みを抱え込み、やがてしゃにむに我流で解決しようとします。そうして問題をさらに大きくしたり、大きな失敗をしたりします。社内で信頼をなくし、人間関係は悪化し、チーム全体の評価も下がります。まさに悪循環スパイラルです。

私は部下に頼ってばかりのリーダーでした。たとえば納期までに仕事が終わりそうにないときは、その仕事の担当者や得意とするメンバーに相談します。「現在の達成率が○%。このままでは時間がこれくらい足りない。大変申し訳ないが○日まで○時間ほど残業してもらえないだろうか」「今秋の土曜日に出勤して助けてもらいたい。代休は締め切りが過ぎたらとってくれないか」

理由と具体的に必要なことを示して相談し、助けてもらったことが何度もあります。もちろん、問題が起きないようにコントロールするのもリーダーの役目であり、普段からその責務を果たしたうえでのお願いであることがポイントです。

リーダーになったらラクをすべき

リーダーは孤独で、日々、難しい人間関係にさらされながら、そのなかでうまく立ち回らなければいけない。責任は重く、業務に、メンバーの育成に、社内の人間関係構築に忙しい。

ここまでの内容で、そんな印象を与えてしまったでしょうか。
それは正しくありません。

私はリーダーになったとき「これでラクができる」と思ったものです。これまではメンバーとして多くの業務に忙殺されていたけれど、これからは業務をメンバーに任せられます。自分の仕事はメンバーのフォローであり、業務全体を見渡すことだからです。
チームの目標を設定し、よりよい達成方法を考え、業務全体を鳥瞰《ちょうかん》、俯瞰《ふかん》の両方の目で見渡す。そして実際に業務を進行させてくれるメンバーをフォローする。そのためには、自分に余裕がなくてはいけない。リーダーは忙しさにかまけてはいけないのです。

忙しいとは心を亡くすと書きます。心を亡くしながら誰かのフォローができるでしょうか。忙しくて右往左往しているリーダーに、自分から相談や報告をしに行こうというメンバーがいるでしょうか。

やることがなくて暇そうにしているのはおかしいですし、そんな状況でいられるはずがありません。やるべきことはいくらでもあります。けれど、忙しそうで、話しかけるのもはばかられるというのではいけません。

スポーツの世界では、プレイングマネージャーという役割を担う選手がいます。私には、それが適切なことなのかどうかわかりません。

けれど、ビジネスの世界では、リーダーはリーダーでいるべきだと思います。プレイはメンバーに任せる。任せることができるチームをつくること、メンバーを信頼できることがリーダーの資質です。

業務が忙しく、メンバーのサポートとしてプレイヤーを兼任しなければならない場合も、リーダーである時間をきちんととりましょう。自席で落ち着いて部下の報告や相談を聞く時間、部下の様子を慮る時間を削るべきではありません。

自己開示は人間関係の基本

部下の気持ちがわからないことに悩むリーダーが多いと述べました。以前ある銀行からの依頼で、一二〇支店の支店長が一同に会する研修の講師を務めました。やはり支店長の悩みの八割が、部下とのコミュニケーション不全についてでした。

銀行の支店には、常に厳しいノルマが課せられています。支店の目標を達成するためには、メンバー全員のベクトルを同じくし、そこに向かって一丸となって進まなければなりません。メンバーの気持ちもわからず、コミュニケーションもおぼつかないとあっては、ノルマの達成は難しいはずです。

もしくは某人気ドラマのように、メンバーにムリをさせまくり、その場しのぎでノルマをこなす。顧客の利益ではなく、顧客をいかにカモにするかを考える。いえ、これは小説やドラマというフィクションの世界の話ですが、コミュニケーションがうまくいかないなかで成果を出し続けていくためには、実際、どこかで誰かが、なんらかのムリをすることになるはずです。

そんなことを避けるため、メンバー全員が想いを共有し、やりがいをもって適正に仕事に勤しむためにはどうしたらいいか、その答えが円滑なコミュニケーションなのです。業務自体が適正な状態であることは必要ですので、ブラック企業という特殊なケースは本書では除きます。

リーダーに必要な研修を受けさせるような、社員の育成と労働環境の向上をめざす企業のケースをお話していきます。

コミュニケーションは人間関係の基本です。そしてコミュニケーションの基本は自己開示にあると私は考えます。つまり、自己開示は人間関係の基本なのです。

自己開示とは読んで字のごとく、自分を開くこと。自分のありのままを相手に見せることです。とはいえ仕事上のことですから、プライベートなことをなんでもかんでも開くというのではありません。会社での自己開示の目的は、同じ目標を目指すチームのメンバーとして、自然なコミュニケーションをとることです。

仕事の休憩時間や、いっしょに食事をしたり飲みに行ったりしたときに、気軽に雑談ができる。なにより、仕事に対する想いや悩みを相談できる。そんな関係であるために、自分の考えやバックボーンを伝えることが必要です。

チームをつくる、あいさつ

自己開示のくわしい話に入る前に、さらに基本的なコミュニケーションについて述べておきたいと思います。

社内のコミュニケーションができている会社の人にこの話をすると「信じられない」と言うのですが、私自身が実際によく聞き、目にしていること。それはあいさつができないリーダーがいるということです。

朝、メンバーが「おはようございます」と声をかけても、コンピュータの画面から目を離さずに、口のなかでモゴモゴと「うん」とだけ返す。「そんなリーダーいるの?」という人も多いのですが、実際にいるのが事実です。

そういう人は、研修に来ても周囲の人にあいさつができません。それでなぜリーダーになれたのかと思います。大げさな言い方をすれば、そんな人をリーダーにしている会社自体も信用できなくなります。

とても不思議なことですが、日本の年功序列制度や、「男は黙って」「いちいちいわなくてもわかっているだろう」という悪習がなせる技なのかもしれません。

そうだとすれば、時代の流れとともに減っていくことも考えられます。しかし、そういう会社に入社した若者が、その体質を受け継いでしまうことも考えられます。大人なのでそういった常識的なことは、自分の責任であるべきですが、やはり環境というのは大きな面です。

あいさつをしない人にそれを指摘すると「それでなんの不利益があるのか」「あいさつが、なんの実利になるのか」と反論してきます。

あいさつができないこと、特にリーダーがあいさつをしない、できないことは、チームにとって、ひいては会社にとって非常に大きな不利益になります。

自己開示やコミュニケーション以前に、あいさつは人間としての基本です。人間としての基本がなっていない人の率いるチームが信用できるでしょうか。さらには、究極のコミュニケーション不全ともいえるチームが成果を出し続けられるでしょうか。

孤独なリーダーの項目で述べた悪循環スパイラルの温床、それがあいさつのないチーム、あいさつのない人間関係です。

チームを救う、「声かけ」

いまさらこんなことを書くまでもないかと思ったのですが、やはり大事なことなので繰り返しておきます。リーダーはメンバーに、自分からさわやかにあいさつしましょう。しなければなりません。万が一にもしていなければ、それはチャンスです。あいさつさえすればチームの雰囲気が如実に変わるはずですから。チームづくりはそこからです。

そして自己開示の前のもうワンステップが、「声かけ」です。

ほとんどあいさつと同義ともいえますが、朝の「おはよう」の後に「昨日は遅かったみたいだけど、大丈夫か?」「昨夜は暑かったけれど、ちゃんと熟睡できているか?」など、ひとこと声をかけること。それができれば大丈夫です。もしも今現在、部下とのコミュニケーションに悩んでいても、自己開示をして、気軽な雑談が楽しめるようになり……と、自然にステップを踏んでいけるはずです。

あいさつと声かけ。それができていないとしたら、ここで一度自分を見つめ直してほしいと思います。

なぜあいさつをしないのか。なぜメンバーに声をかけないのか。

「それは仕事とは関係ない」とはいえません。チームをまとめるべきリーダーの大切な仕事です。「会社でプライベートなことは話したくない」というのであれば、リーダーでいるべきではないと私は考えます。

研修を受ける人たちが、みんな悩んだり困ったりしているように、自己開示ができないリーダーはたくさんいます。コミュニケーションが難しいと、みんな思っています。

けれど、あいさつは誰にでもできるはずです。声かけは、後に述べる雑談に通じるものがあり、苦手に感じる人もいるかもしれません。

とはいっても難しいことではありません。あいさつだけでチームの基本ができあがり、声かけがチームをまとめる第一歩になります。

今日からはじめられることです。

たとえ相手があいさつを返してくれなくても、驚いたような顔をされても気にせずに。やがてチームの雰囲気が劇的に変わっていくのがわかるはずです。

メンバーはあなたの趣味を知っていますか？

私は研修で受講者にこんな質問をすることがあります。

「あなたのチームのメンバーは、あなたの趣味を知っていますか？」

「あなたの住んでいる場所を知っていますか？」

そんなふうに、家族構成、年齢、休みの日にどんなふうに過ごすか、好きな食べ物、嫌いな食べ物など、立て続けに聞いていきます。

すべての質問に対し「知っています」と答える人は本当にまれです。

逆に、メンバーのこういったことを知るリーダーはどのくらいいるのか？

やはり非常にまれです。つまりリーダーもメンバーも、互いに自己開示していないということです。

前述のように、会社でプライベートなことを突き詰める必要はありません。けれど、ここに挙げた程度の話を知られたくないとしたら、チームメンバーとして信頼していない、されていないような気がします。

一般的な企業では、チームメンバーは一日八時間以上、週に五日は仕事場で顔を合わせながら、ともに目標に向かいます。それがいいか悪いかは別として、家族と過ごす時間よりも長く顔を合わせているということもめずらしくありません。

現実的にそれだけ同じ時間を過ごしていながら、相手の趣味も家族構成も知らないというのは不自然ではないでしょうか。

「仕事をしているのだから、そんな話をする暇はない」と言うのであれば、そのチームはギスギスした雰囲気なのではと想像してしまいます。

一日八時間以上も一緒にいて、仕事の話だけをしている。それは息抜きの雑談もできないほど忙しいのでしょうか。もし雑談が息抜きにならないとしたら、そこまで一緒に働くメンバーに興味がないとしたら、やはり殺伐とした職場を思い描いてしまいます。

仕事中のムダ話をすすめているわけではありません。人間ですから一定時間仕事に集中したら、息抜きをしなければ効率が落ちます。その息抜きの一部に、ともに過ごすメンバーとの何気ない会話がない、仲間のことを知りたいと思わないのはさびしいと思うのです。

フォーマルコミュニケーションは「タテマエ」の場

「部下とは朝晩話をしています」「あいさつは欠かしません」という参加者がいます。それならまず第一歩は大丈夫と思いながら話を聞いてみると「朝礼と夕礼で問題ないか聞いている」「朝礼と夕礼でチーム全体があいさつを交わしている」と言うのです。最初は驚きましたが、そういうケースは意外とあります。

朝礼や夕礼は「部下と話す時間」でしょうか？　朝礼や夕礼は業務報告の時間です。業務上、当然必要な事務的なもの、つまりフォーマルなコミュニケーションの場です。会議も同じです。

朝夕の礼で業務の進行や問題点を確認し、会議で業務について話し合っている。部下とは顔を合わせてしっかりコミュニケーションをとっている。それはリーダーとしての務めではなく、業務連絡、または通常の業務です。

チームをひとつにまとめ、働く環境を整えて業務の成果を上げる。そういったリーダーの役割を果たすためには、チームメンバーとの人と人としてのコミュニケーションが欠かせません。

つまり、業務以外のインフォーマルなコミュニケーションができるかどうかです。

朝礼や夕礼、会議の場、他のメンバーのいる前で「何か問題はないか？」と言われて、うまくいっていないことを話し出すというのは、なかなかできることではありません。

単に業務の作業や手続き上の問題であればとにかく、本人が抱えている問題や悩みは、たとえ業務に関わることであっても、公の場、フォーマルな場では話しにくいものです。

フォーマルコミュニケーションは、あくまで「タテマエ」の場であり、メンバーを知るためのコミュニケーションとは別物であることを認識しましょう。

朝夕、そして会議でも常に問題がないか確認していたのに、あるとき、大きな問題が発覚する。そんな場合、多くは突然大問題が勃発したのではなく、メンバーが抱える小さな問題が解決されないまま時間を経て、大きな問題へと膨らんでしまったはずです。

問題が小さなうちにともに解決の方法を探り、適切な対応をしていたら、チームレベルでの問題にならなかった可能性があります。

最近、メンバーとどんな「雑談」をしましたか?

人間関係の潤滑油となるのは、インフォーマルなコミュニケーションです。そんなふうに言うと難しそうに聞こえるかもしれませんが、要は「雑談」です。それが第一歩になるのです。

「なんだ、雑談ならしているよ」という人はどのくらいいるでしょうか。

研修で「最近メンバーと、どんな雑談をしましたか?」と聞くと、多くの参加者が考え込みます。そんな場合、どんな雑談をしたかを思い出す前に、なにが雑談で、なにが雑談ではないかを考えている人もいるようです。

雑談とはどういうものか。それを改めて説明するのも不思議ですが、雑談をひとことでいえば、プライベートな会話ということになるでしょう。仕事とは関係なく、また仕事に多少の関わりがあるとしても、直接業務上のことではない会話。相手と自分との人と人としての話です。

雑談、雑務など「雑」という文字がつくものは軽んじられる傾向にあるようですが、どちらもチームが円滑に業務にあたるためにはなくてはならないものです。

雑談などは私語であり、仕事中にすべきものではないと考えるリーダーがいるとしたら、そのチームの雰囲気は最悪のものになるはずです。周囲からは一見、ムダなくしっかりしたチームのように見えるかもしれませんが、長期的にいい状態で業務を進行させられるチームにはならないでしょう。

もちろん、仕事中にベラベラとプライベートな話をするのは論外です。会議中にいきなり議題と関係ない話をしたり、メンバーの個人的な話をしたりするのは問題です。そうではなく、朝、顔を合わせたときにあいさつに続けてひとこと。ひと息ついている部下を見かけてひとこと。ときにはランチをいっしょにとりながら、いろいろな話をする。そういう雑談をしていますか？　最近どんな雑談をしたか思い出せますか？

それは前述の、メンバーがあなたのことを知っているか、あなたがメンバーのことを知っているかという質問につながります。「雑談が正常に交わされている」というのもおかしな言い方ですが、メンバーが互いにスムーズに会話しているチームは、雑談も自然に交わされているはずです。

雑談力は観察力＋愛情

『雑談力』という書籍がかなり売れたと聞いたことがあります。雑談を能力と定義する、そのことに新鮮な驚きを感じましたが、私自身、研修の参加者に雑談ができなければいけないと訴えているのですから、たしかに雑談はリーダーに必要なスキルといえるかもしれません。

雑談とは人と人との自然な会話なので、本来は考えてするものではありません。当たり前にできている人にとっては、どのように雑談をすればいいのかなどと考えたこともないと思います。

けれど、チームのメンバーは、互いに自分で選んでつきあっている人間関係ではありません。突然配置されて、そこからはじまる人間関係ともいえます。それを考えれば、会話の糸口をつかんだり、プライベートな会話を交わしたりするために、最初のうちはちょっと話の仕方を考えて、ということは理解できます。

それでは自然に雑談を交わすにはどうしたらいいのか。雑談力はどのように身につけたらいいのか。どのように磨いたらいいのか。

まずは「相手を観察」することです。相手が今、どのような状態なのか。いつもと違うところはないか。楽しそうに仕事をしているか。それともため息ばかりついて辛そうではないか。そういうことを観察するのがリーダーの役割のひとつです。

ただしそれは、愛情、つまり相手に対するいい意味の興味をもとにした観察でなければいけません。ミスをしていないか。まじめにさぼらず仕事をしているか。そういう目でチームを見渡していれば、必ずそれがメンバーに伝わります。当然ながら、愛情をもってメンバーを見ていればそれも同じように伝わります。

監視をしてはいけません。監視こそリーダーの役割だと勘違いしている人がいますが、そのチームのメンバーは不幸です。監視をされながらモチベーションを保てる人間はいません。パフォーマンスを発揮できる人間はいません。自分自身のことを考えればわかるはずです。

愛情をもって部下を観察していれば、適切なときに適切なひと声がかけられるようになります。

誰でも雑談ができる便利なキーワード

うまく雑談をするための、よく知られたテクニックがあります。

「き・ど・に・た・て・か・け・し・衣・食・住」

これは雑談しやすい話題の頭文字を集めたものです。読んだり聞いたりしたことがある人も多いかもしれません。本来雑談は自然なものであるべきです。愛情ある観察にもとづいた人と人との会話であるべきです。

たとえば雑談を自然に交わす関係である友人を考えてみてください。相手に興味をもち、相手のことを知りたい、つきあいたいと思う気持ちが互いにあるから友人になります。それは意識しているかどうかは別として、相手のことを愛情をもって観察していた結果です。そのような人間関係が成立していれば、どんな話をしたらいいか、などと考えることはありません。会えば自然に会話しています。

それが本来の雑談であり、雑談しなければならないからテクニックを身につけるとなると、ともすれば不自然さが出てしまうこともあります。けれど、それでもメンバーに声をかけないよりはずっといいのですまずはプライベートな会話をはじめること。相手のことを知っていくにつれ、自然に雑談できるようになるはずです。そのために必要であれば、このキーワードを適宜使ってみてください。

き……季節　（例）今日も暑いね。

ど……道楽・趣味　（例）カラオケが好きで、昨日は家族と三時間も歌ったよ。

に……ニュース（最初は難しすぎない、暗くないニュースの話題から）

た……旅　（例）最近海外に行っていないけれど、一度はオーロラを見てみたい。

て……テレビ　（例）あのドラマの最終回、意外だったよ。

か……家族（自分の家族のことを話すときは自慢にならないように）

け……健康（体の不調を訴えすぎない）

し……仕事（業務そのものではなく、仕事に関わる軽い話）

衣食住はそのままです。いずれも説教くさかったり、自慢になったりしないよう、相手から聞き出すというよりは、まずは素の自分のことを話しましょう。

セクハラ上司、パワハラ上司にならないために

たとえば前のページで出てきた衣食住の衣装について。

「その服、似合うじゃないか」「髪を切ったね。なにかあったのかな?」

男性のリーダーが女性のメンバーにこのような声かけをすると、セクハラと言われかねない世の中です。たまにはゆっくり雑談したいと思ってメンバーを飲みに誘うとパワハラ扱いされることもあるとか。

だったらよけいな声もかけたくないし、業務外でメンバーと食事なんてとんでもない。そんな声を聞くことが増えてきました。さびしいことだと思います。

けれど、自分がメンバーだったとしたら。自分が女性で、新しい服を着て気分よく出勤したところ、普段はあいさつもそこそこ、雑談なんてしたこともない上司から「新しい服か。今夜はデートか?」なんて言われたら、たしかに気持ち悪く感じるのではないでしょうか。セクハラじみて感じるかもしれません。

新人歓迎会や忘年会、接待、つまりフォーマルな飲み会でしか同席したことのない上司に「今夜一杯つきあえ」などといわれたら、一体なんの話なのか、断ったらまずいのか、と

思うことでしょう。

同じようなプライベートな会話が、潤滑油にもなればセクハラ、パワハラになることもあります。それを決めるのは、ちょっとした気遣いと、なによりも普段の人間関係です。

普段からにこやかにあいさつをし、朝に夕にひとこえかけ、時間があれば雑談をする。ときに互いの都合があえば飲みにいく関係であれば、服をほめられても、飲みに誘われてもイヤな気持ちになるはずがありません。仲のよいリーダー、尊敬するリーダーであれば、うれしいと思うでしょう。

これから部下と気軽に雑談できる関係を築こうという場合、まずは相手のことを聞き出すのではなく、自分のことから話す。

最初はニュースやテレビの話など、プライベートすぎないテーマから。暗い話題よりも明るい話題。説教や自慢話はしない。ほめるのであれば相手の外見よりも内面を。親しく雑談ができるようになったとしても、デートや恋人のことなど、男女関係をにおわせる話題は避けるべきでしょう。

間違えやすい自己開示と自己顕示

相手と親しくなりたいとき、相手のことを知りたい、自分のことを知ってほしいと思うものです。とくに、自分のことを知ってもらいたいというのは、相手に対して「あなたを信頼しています」というサインになります。

仕事上の関係ですから「知ってもらいたい」とまでは思わないにしても、相手といい関係を築くためには自己開示、つまり自分をオープンにすることが重要であり、近道でもあることは前述しました。

自分のことをなにも話さず、こちらのことをあれこれ聞いてくる上司がいて、それがまだまったく親しみを感じていない段階だったら、調査や監視をされている気分になるかもしれません。女性であればセクハラと感じるかもしれません。

自分から心を開き、相手を受け入れる。そして相手が心を開くのを待つ。それが自己開示です。

ところが自己開示をしてくださいというと、自己顕示をしてしまうリーダーがいます。

「私が君くらいのときは、支店一の営業成績をあげて……」とか、「上の子は東大で、下の子も東大に合格確実と言われている」とか。

家族の話のほうが、まだ自己開示的な話題ではありますが、これでは自慢にしか聞こえません。自慢話をされても、オープンに心を開いてくれているとは感じないものです。自分のことをあれこれ話しているのに、メンバーは親しみを感じてくれるどころか、なんとなくしらけた雰囲気になる。それがなぜかわからず、本気で困ってしまうリーダーもいます。本人は自慢をしているつもりではない場合も多いからです。

自己開示とは自分のことをオープンにすること。それによってよい関係を築きたいのであれば、どちらかといえば、失敗談や弱みをオープンにすることです。

自慢話や武勇伝というものは、それが社内の業績であれば特に、自分が言わなくても伝わっているものです。失敗談もそうかもしれませんが、本来なら知られたくないことを自分からさらけだすことに意味があるのです。

自己顕示はイヤがられ、自己開示は親しまれる。その違いを認識して混同しないようにしたいものです。

「横から目線」がちょうどいい

自己顕示がイヤがられるのは、上から目線だからです。多くの場合、メンバーにとってリーダーは上司であり、それでなくても上から目線の存在です。業務上は上から目線でなければならないこともあります。

だからこそ雑談では自分をオープンにし、上から目線ではない対等な関係を築くことに意味があります。もちろん、失敗談や弱みをさらけだすといっても、自分を下にする必要はありません。ミスやウィークポイントは誰にでもあるものなのですから、上司も部下も関係なく、同じ目線で話そうということ。つまり「横から目線」がちょうどいいのです。

私は企業でリーダーを務めているときから、自己開示は得意でした。先に書いたように、リーダーになったらラクをしよう。そのためには部下に円滑に業務を進めてもらわなければならない。部下に助けてもらうのだから、上から目線で話してもダメだと思っていたのです。ともに働く仲間として、リーダーとメンバーは役割の違いはあっても対等です。

リーダーはチームを率いなければならないから、指示や監督・管理はするけれど、自分ひとりでは成果を上げられるはずがない。自分の失敗も弱みもさらけだし、部下に頑張ってもらおう。そんな私にとって、上からではなく、横から目線で仕事をするのは当然でした。

研修の仕事をするようになり、一応、講師という立場になりました。人の前に立って話をするので、上から目線になる講師もいるようです。けれど私は、講師という立場も上ではないと考えています。

私自身、自慢できるような立派なリーダーだったとは思いません。試行錯誤しながら、よいリーダーになれるように努力してきた。その経験を話しているだけです。研修を受けにくる参加者と同じ立場だった。ただちょっと先に経験をしたので、そこから編み出したコツや注意点を伝えているにすぎません。

そして、だからこそ参加者の悩みや気持ちが理解できます。自分自身のこととして親身に真剣に話すことができます。リーダーだからといって、講師だからといって、完璧である必要はありません。横から目線で自分のチームや、自分が仕切る場を正しく判断し、適正な方向に導ければいいのです。

失敗談を話せるリーダーはこんなに得

普段、テストで一〇〇点を取りつづけている子が八十点を取ったら、どうしたのか心配されるでしょう。怒られることもあるかもしれません。けれど、ずっと六十点だった子が八十点をとったらほめられるでしょう。このように、人の評価は一定ではありません。比較対象があっての評価になります。

ミスひとつしない人は、小さなミスでも驚かれ、ミスをしたことが大きな出来事のようにいわれます。小さなミスやおっちょこちょいを繰り返す人が、スムーズに仕事をこなせば、当たり前のことなのに立派にやりとげたように感じられるかもしれません。

そうであれば、普段から自分ができる人間だとアピールしすぎるのは得策ではありません。とはいえ「能ある鷹は爪を隠す」という時代でもありませんし、組織のなかで自分の成果はきちんとアピールすべきです。自分を下に見せる必要はありません。

ただ、素のままの自分でいたほうがいいということです。人はどうしても自分をよく見せたい気持ちが働きます。無意識にでも、ついカッコをつけてしまうことがあります。自分がリーダーだと思えばなおさらかもしれません。

けれど、それでいてイザとなったらたいしたことがない、というのでは大きなマイナスです。しかし、もし普段は失敗談の多いリーダーが、有事の際にリーダーシップを発揮したとしたら。メンバーのことを的確に把握していて、みんなで力を合わせて問題を解決したら。

たとえ成果は同じだったとしても、後者のほうが株は上がります。素のままの自分でありながら、さすがと思わせることができるのです。

特にリーダークラスの人は、上からも下からも見られています。デキそうなことをいっていれば大げさに伝わります。失敗も成功も隠せません。ならば失敗は自分から披露してしまいましょう。

飾らない人、カッコをつけない人というのは、それだけで好意をもたれます。自分としてもムリをしていないので、ストレスも減ります。

本当に失敗ばかりしていてはダメですが、やることをやっていれば、失敗談や弱みをオープンにすることには得がいっぱいです。

「返報性の原則」を活用しよう

ギブアンドテイクという言葉がありますが、人は受け取るばかりでも与えるばかりでも心地よく感じない生き物です。受け取ったら与えたいし、与えたら受け取りたいと思うのが自然です。これを「返報性の原則」といいます。

相手のことを知りたければ、まず自分のことを話す。「日曜日はなにをしていたの？」ではなく「日曜日に○○の映画を観たんだけど、おもしろかったよ。○○っていう俳優の演技がよくて、あんなにいい役者だとは思わなかったな」と自分がしたことを話します。その後で「君はどんなふうに過ごした？」「好きな俳優は？」などと聞けば、相手は自然に答えてくれるのが普通です。

たとえそうでなくても気にしないことです。こちらはあくまで上司なので、あまりプライベートなことを話したくないという若者がいても仕方ありません。「こちらが話したのになぜ答えない」などと腹を立てる必要も、がっかりすることもありません。悪い気持ちにも返報性は働くので、頭にきた、苦手だ、と考えれば相手もそういう感情で返してきます。

見返りを求めずギブする。

普通なら返ってくるし、返ってこなくてもなんの損もありません。すべてが返ってこなくても、いくつかでもテイクできればそれが糧になります。そうであれば、与え続けられることもリーダーの素質のひとつであるかもしれません。

自己開示の苦手な人のなかには、心配性の人がいます。自分をさらけだすのが怖い。弱みを知られるのが怖いそうです。若い世代は自分と感覚が違うからわかりあえないなどと線引きしている場合、特に心配や恐れを感じるのだとか。

第５章でもくわしく述べますが、ゆとり世代だとかデジタルネイティブ世代だとか、そんなふうに相手に線引きをし、カテゴリー分けして決めつける。それがクセになっている人が多いようです。カテゴライズは百害あって一利なし。リーダーうんぬんではなく、人間関係を築くうえでなくしたいもののひとつです。

相手がゆとり世代だと思えば、自分をさらけだすのも心配になるでしょう。わかってもらえないような気がするからです。でも、メンバーの〇〇さんだと考えれば、自分をオープンにしてもいいのではないでしょうか。

チームを変えるにはちょっとした工夫が必要

私がメンバーだったとき、リーダーの机の上には二つのボックスが置かれていました。完了業務ボックスと、未決ボックスです。業務が完了した際にリーダーにサインをもらうのですが、リーダーが席を外している場合は、ボックスに書類を入れておきます。リーダーは席に戻ってから書類を確認し、サインをして上司に回します。業務報告などが入れられる未決ボックスも同じです。

このボックスがあるとなにが起こるかといえば、メンバーはリーダーのいないときを見定めて書類を提出しにくるのです。声をかけるのも面倒くさい。そういうわけで、いないときを狙ってボックスに放り込んでいくのです。

私はリーダーになって最初に、自分の机からボックスをなくしました。書類は直接手渡しで受け取り、その場でざっと目を通してひとこと、ふたことコメントします。ちょっとでも時間があれば雑談もします。

もしかしたら、それを迷惑に思っていたメンバーもいたかもしれません。でもそれはリーダーの大切な役割だと考えています。メンバーに自己開示ができること。メンバーと雑談ができること。それが人材育成の第一歩なのですから。

机のまわりをパーテーションで囲ったリーダー席があります。それもいけません。リーダーとメンバーが互いに顔を見ながら、自分の素を見せながら仕事をする。それが成果を上げるチームです。夕礼でメンバーが「問題ありません」と報告したとしても、あとでふたりのときに「大丈夫か、なにか問題がありそうだな、顔を見ればわかる。話を聞くぞ」と言えるリーダーでいられるように。席の配置に問題があれば、席がえも考えてみましょう。小さなことのように思えますが、日々仕事のために過ごす場所です。人間関係や心理に意外と影響することがわかっています。

リーダーは一日にしてならず。チームといっしょに成長していくのが自然です。さらに、自宅でも家族に声をかけているか。家族ひとりひとりに愛情をもって観察しているか。できていなければ今日からはじめてください。家族もまた大切なチームです。自宅でもリーダーとしての自分を磨くことができ、それによって自分もチームも成長していけます。

第2章

説明責任

なぜ部下は指示通りに動いてくれないのか?

部下のことがわからないと悩む上司が本当に多いと、第1章で書きました。リーダーがメンバーのことをわかりたいと思う。その最終目的は職場での円滑な人間関係と、それによる業績アップです。メンバーと個人的なつながりを深めたいからというわけではありません。しかし、対人間としてのつながりが円滑な人間関係を生むということも述べました。

職場で和気あいあいと雑談ができる程度に互いを知ろう。知りたいと願い、自分自身もオープンになろうということです。それが達成できれば、部下が思い通りに動いてくれないという問題も解決するかもしれません。

互いに芯から理解しあえれば、あなたの指示通りにメンバーは動く、動こうと努力するはずです。

メンバーの気持ちがわからないという悩みは、部下が思い通りに動いてくれないという悩みとイコールです。なぜ自分がこう言っているのに、部下はそうしてくれないのか。能力が足りないという以前に、自分の気持ち、指示が伝わっていないという悩みです。

必要な指示はしている。本当にそうでしょうか?

多くのリーダーに接した経験から、いかに指示のできないリーダーが多いか、を私は見てきました。「これはこうして、あれはああしろ」と細かく指示は出せても、それだけなのです。

それではなぜダメなのか？　伝達はしていても共有していないからです。上からきたものを下に流すだけのリーダーなら、誰がリーダーをしても同じことです。

優秀と言われるリーダーはメンバーと情報を共有します。共有ができればみんなが同じベクトルで、同じ想いで目標に向かえます。

それさえできれば、細かな指示はしなくてもゴールにたどりつくはずです。細かな指示なしでも自分の頭で考えて、自分の役割を果たせる人材を育成することがリーダーの役割なのです。

メンバーそれぞれが自分のポテンシャルをすべて発揮しながらチームに貢献する。それによりチームがよりよい成果を上げ、メンバーはさらに成長する。

そんな理想的なチームをつくるためには、リーダーが真の説明責任をしっかり果たさなければいけません。

人は理由なしに頑張れない

説明されようがされまいが、仕事は仕事。言われた通りにやるべきだ。研修では、こう反論してくる参加者もいます。納得できる、納得できないじゃない。与えられた仕事なのだからと。

そうなのであれば、納得できるかどうかは別として、説明責任は果たすべきです。それがリーダーという役職を与えられた者の仕事だからです。

リーダーの役割は、細かく言えばいろいろあります。いいリーダーの条件についても、書店に行けば、それこそ大きな棚が丸々それに関する本だけで埋まってしまうくらいの本が並んでいます。

けれど何度も言う通り、チームをまとめて成果を出す、端的に言ってしまえばそれに尽きます。それを成し遂げるために、必要なことがいろいろあります。説明責任を果たすことは、必要なことの多くを含んでいます。

目標を達成するためには、目標を掲げなければなりません。当然のことですが、実はできていないリーダーもいます。自分のチームの目標を掲げるということは、上から与えられた目標をそのままメンバーに伝えることではないのです。与えられた目標を理解し、噛み砕き、どうしたらもっとも効率よく、最大の成果を出すことができるか。それを考えたうえで、チームのみんなが理解できる目標を設定します。

さらには、目標達成のために、メンバーそれぞれがどんな役割を担い、どのように進めていくべきか。メンバーそれぞれの目標設定も必要です。これに関しては、各自が自分の目標を正しく設定できるよう導くのがリーダーの役割です。

メンバーが目標を正しく設定できるようにすること以外にも、成果を出しながらスキルアップしていけるよう導くのもリーダーの仕事です。会社は甘くありません。今回の目標を達成したら、次の目標はより高くなるのが通常です。

チームはレベルアップしていく必要があります。

目標の設定や達成にも、人材育成にも、必要なことを明確に説明し、相手に正しく理解させるスキルが必要です。なんのためにそれをやるのか、そこから説明すること。それがみんなに理解されてこそ、目標設定は生きてきます。そして、設定した目標にみんなで向かうことができるのです。

情報伝達と情報共有の違い

「共有」というのは、みんなでなにかをしようというときの、重大なキーワードになります。思い出を共有することは、共有する相手との絆を深めます。長年の友人や家族は、たくさんの思い出を共有することによって離れがたい関係となっていることでしょう。

想いを共有すれば、同じベクトルで進んでいくことができます。そのうえで目標を共有すれば、みんなで心をひとつにゴールを目指すことができます。チームが最大限の成果を出すためには、情報共有による想いの共有が欠かせません。

ところが、情報を伝達することで共有したと思っている人が多いのです。リーダーに関わらず、です。誰かに言われたことを他の人に伝える。これが伝達です。しかし、誰かに言われたことをよい形で成し遂げるには、その情報を共有する必要があります。

情報をそのまま伝えるのではなく、自分と伝える相手との間で想いがひとつになるように伝えなければなりません。

そう言うと難しく感じるかもしれませんが、相手は普段から同じ仕事をしているチームのメンバーです。家族よりも長く同じ場所で過ごし、共同作業をしているかもしれない相手です。共有しようと思えばできるはずです。

仕事であれば多くの場合、なぜそれをするのかを伝えることで、物事がスムーズに進みます。それだけである程度情報が共有できるのです。そのことは次ページでくわしく述べます。

ここでは実際の経験にもとづいた一例を挙げてお話しましょう。

電話応対で「いつもお世話になっております」という言葉をつけますが、ある新入社員が「私はこの人にお世話になったことがありませんが言う必要あるのでしょうか？」と言ってきたとします。

そんなとき「ビジネスマナーの常識なのだから」「決まり文句なのだから、いちいち意味など考えなくてもいい」と言って済ませたとします。新入社員ですから「そう言いなさい」と命じられたからには言うでしょう。でもそれでは心がこもりません。

こういったときは「君自身が直接世話になっていなくても、会社が世話になっている。もしくはこれから世話になる可能性のある相手だ。君はこの会社の代表として電話に出たのだから、間接的に世話になっているんだよ」と、どうお世話になっているかを教えるべきなのです。

情報共有に必要な4W1Hとは

業務指示の四要素をご存知でしょうか。だれが（Who）、なにを（What）、いつまでに（When）、どうする（How）、の3W1Hです。

これでは情報伝達にすぎません。共有するため、つまり相手のモチベーションを上げ、ポテンシャルを引き出しながら、よりよい形で目標を達成してもらうためには、ひとつの要素が足りません。それは「なぜ（Why）」です。だれが、なぜ、なにを、いつまでに、どうするか。

この4W1Hが不可欠です。

先に例にあげた電話応対の件もそうです。なぜ顔も見たことのない人に「いつもお世話になっております」と言わなければいけないのか。理由を説明すれば納得して、口先だけでない応対になるはずです。

万が一、説明しても納得できないとしたら、そのときには「仕事をしながらその意味を考えてほしい。いずれわかると思うが、それまではこの会社を代表する社員として、決まったあいさつはきちんとしてほしい」と伝えればいいでしょう。

最悪なのは「四の五の言わずに、言われた通りにやれ」「常識だ」で済ますこと。

ある大手スーパーチェーンの店長が集まる研修で、こんな相談をされました。「若手社員に開店前の玄関まわりの掃除をさせるのだが、いつも雑できれいになっていない。きれいになっていないからやり直せというと、反抗するわけではないが、丁寧にきれいにしようという感じでもなく、時間を使っても結果があまり変わらない」というものです。

若手社員にとっては、言われた通りにしているつもりでしょう。開店前に玄関のまわりを掃除しておけと言われ、掃除をしました。する前よりはきれいになったのですから。反抗してわざと雑にしているのではないはずです。

これは本来の目的と、きれいの度合いが共有されていないから起こる問題です。

「うちのスーパーのモットーは『清潔な店舗づくり』だよな。清潔な店でお客様に気持ちよく買い物をしていただくのが私たちの仕事だよな。今、玄関の前に枯葉が落ちていたりして、ちょっと雑然としているだろう。『ゴミひとつ落ちてないな、気持ちいいな』とお客様に思っていただけるように、開店までにちょっと片付けてもらえるか」

たとえばこのように伝えれば、結果は変わってくるのではないでしょうか。

情報を共有しないから雑務が生まれる

雑務というと、どのような仕事をイメージするでしょうか。

コピーとり。シュレッダーの紙くずの片付け。来客時や会議時のお茶くみ。会社やチームによってさまざまですが、雑務のない会社はないはずです。それはなぜか。必要な仕事だからに他なりません。

それぞれ各自でやればいいことだと言われるかもしれません。けれど自分に来客があったとき、お茶を出していては相手を待たせることになります。そのために缶やペットボトルの飲み物を出す会社も増えているようです。そういう効率化はよいことだと思いますが、今述べたいのはそのことではありません。

今ここでお茶を出す必要があるならば、それは必要な業務です。リーダーが上司や他部署との打ち合わせに忙しく、そのためのコピーを用意しておく必要があるなら、それは必要な業務です。シュレッダーの紙くずが気づかぬうちにいっぱいになり使えない。それではメンバーみんなが困ります。ある程度たまったら捨てておくのも、チームが円滑に仕事を進めるうえで大切な仕事です。

そんなことは誰かにやらせればいい。手の空いている人間や、下の人間がやることだ。そんな気持ちが雑務という仕事を生みます。

どれも大切な仕事。担ってくれるメンバーには手間をかけるが、みんなが気持ちよく働けるよう、互いに協力してこなしてほしい。

リーダーがそういう気持ちでいれば、それはチームを助ける業務のひとつになります。仕事を与えられた人も気持ちよく、よりよい形でしたいと思うはずです。

雑務といわれるお茶くみだってコピーとりだって、よりよい形があります。なんのためにするのかがわかれば、その業務によってチームに貢献できることがわかれば、もっとうまくやりたいと思うのが人間です。

それでも雑務は雑務。そんなふうに受け取るメンバーもいるかもしれません。４Ｗ１Ｈを説明したときも述べましたが、それは仕方のないことです。

どんな仕事でもチームに必要な業務であることを伝え続けること。その説明責任をしっかり果たせば、やがて想いが共有できるときが来るかもしれません。

叱ったことが相手のためになるか、単なるストレスで終わるか

リーダーはメンバーを叱らなければいけないときがあります。ほめるのは簡単ですが、叱るのは難しいものです。ただ感情のまま怒鳴るのは、叱るのではなく怒ること。怒ってもその後に残るのは自分の後悔と、相手からの恨みばかりです。

正しく叱るということは、内容が相手の心に響き、改善の努力に向かわせるということです。しかし、誰かにモノ申されると、それだけで心を閉ざしがちになってしまうのが人間です。

こちらとしては誠心誠意、想いを共有したつもりなのに、相手には怒られたという気持ちしか残らないということもあり得ます。叱ることは叱る側にも大きなストレスになります。

けれどリーダーであれば必要なことです。叱る対象となるメンバーにとっても、チームの他のメンバーのためにも叱らなければならないときがあります。それではどのように部下を指導すればいいのでしょう。

これには、たったひとつの正解はありません。相手の性格によっても、伝わりやすさ、

伝わりやすい方法が変わってきます。そこで自分の例をふまえ、より多くの人に伝わりやすいと思われる方法を紹介します。

叱るときは一対一で。これは大前提です。人前で叱られたり注意されたりすると、内容よりも叱られているという行為ばかり気になってしまいます。

そして、自分の失敗談を話して聞かせてから、相手の正すべき点に触れます。

「私も同じようなことをして部長に注意されたから懐かしいよ。お前を見ていると人ごととは思えないときがある。ほらあの件、どう思う？　お前はどういう考えでそうしたのだ？」で、いったん話を聞きます。

相手の話の内容によって、どうしてそれがいけないのか。それのなにがいけないのか。どうすべきだったのかを、自分の意見として話します。第1章の自己開示にもつながりますが、この方法は相手をリラックスさせ、話の内容が心に響きやすくなるものです。

絶対してはいけないのが「なんであんなことをしたのか？」「こんなことをして、なにを考えているんだ？」と否定しながら質問することです。

否定の疑問形である詰問は、非常に強い叱責のイメージを相手に与えます。叱る目的は指導であることを忘れずに、冷静に、相手の聞く耳と心を開かせて話しましょう。

具体的な数字が心に刺さる

朝礼や夕礼で目標の達成率を確認する会社は多いでしょう。ノルマのある業務では、各自が自分の目標と達成率をメンバーの前で発表したりします。

それが悪いと言っているのでありませんが、それで情報を共有したつもりになっていたら大間違いです。

みんなの前で事実を発表するのは情報伝達です。個人のノルマの状況や詳細に関しては、場合によっては全員が共有する必要はないかもしれません。

けれどチーム全体として課題がある場合、その課題を共有し、みんなで解決していく必要があります。

第1章の自己開示にもつながりますが、チームをひとつにまとめるためには、情報を開示して共有することが重要なのです。たとえばチーム全体の目標数字の達成が危うい。そんなとき、個々の目標数字があってのことであれば、第一に目標数字が達成できていないメンバーと一対一で話します。

与えられた目標数字が順調に達成できていない理由はなんなのか。どうしたら改善できるか。改善した場合、どのくらいの達成率になりそうか。取り戻すための時間はどのくらいかかりそうか。そういったことを、数字と事実関係を確認しながらじっくり話し合います。

個人で解決できないと判断した場合、チームで課題を共有します。

共有するというとエモーショナルなイメージがあるかもしれませんが、課題の共有には客観的な事実が欠かせません。特に数字で測る目標のような場合、状況やデータを提示することでメンバーの心に刺さります。

〇日前の段階で〇％の達成率である。このままではチームとして〇％の不足になる。達成できない理由はこうで、こういう改善策を進めている。

それでも解決のためには、各自がちょっとずつ上乗せして、〇％ずつ頑張ってほしいというように具体的に説明します。できればデータも用意したいものです。

そうすることで、チームのメンバー全体に、他人事ではなく自分もともにすべきこととして共有されやすくなります。

いいチームはメンバー全員が自分事

前のページのケースでは、リーダーに通常よりも大きな説明責任が課されます。自分の目標数字は達成できているというメンバーに、目標数字が達成できないメンバーを助けることの意義を示さなければなりません。そこに納得できないと、やらされている感がつきまとい、モチベーションは低下します。ポテンシャルは存分に発揮できなくなります。そんな状態ですから思うような成果も上がりません。

なにもかもうまくいかなくなったところで、目標数字が達成できないメンバーが辛い雰囲気になってしまったとしたら、それはもうチームとして成り立っていません。状況を説明して納得させられること。それはリーダーにとって非常に重要なスキルなのです。

私は前職で、コールセンターのリーダーを務めたことがあります。コールセンターの場所は二カ所あり、本社のある東京から遠く離れています。コールセンター同士も近くはありません。そこには合計二〇〇人のオペレーターが所属していました。

とにかく情報共有が難しかったのを覚えています。この状況では、情報伝達でさえも危ういのですから。どのように管理すべきか、いかに情報を共有するかを考え続ける毎日でした。

もともとあったのは回覧文書（以下回覧）です。見た人がサインをして回すことになっていました。全員のサインがあれば、メンバーはもれなく回覧を読んでいるはずです。

けれど実際は、内容の詳細はもとより、どんな回覧だったかを覚えている人、ましてや内容を誰かに説明できるほど把握している人はほとんどいない。それが現実でした。回覧が来たら、とにかくサインをして回す。それが仕事になってしまっていたのでしょう。

そこで重要な情報は回覧＋メールや、メール＋口頭で伝えるようにしました。コピーを貼り出すようにもしました。複数の手段でアプローチしないと情報は伝わらないということを学んだからです。

特に重要な情報は口頭で伝えるに限ります。

さらに、各チームのリーダーに、毎回メンバーの中からアットランダムに三人くらいを選んで、内容を説明させるよう指示しました。

もちろん、その理由も説明してからです。そうすることで、回覧の情報を他人事ではなく自分のこととして認識してもらえるようになっていきました。

不毛な会議をイキイキ会議に変える方法

他人事といえば、会議というのは他人事同士のすれ違いの場であることがほとんどではないでしょうか。

誰かの発言をみんなが黙って聞く。課題や目標達成に向けた発言ならまだマシです。でも業務報告、進行報告の発表などということになれば、それは大きな時間のムダです。「会議に出ているヒマなんてない」と言いたい気持ちもわかります。

単なる業務報告、経過報告であれば、メールで十分です。もしくは担当者がそれぞれリーダーに報告すればいいことです。その報告のなかから、共有すべきことがあればみんなにメールで知らせればいいのです。メールだけでは浸透しないので、本当に重要なことであれば、関係者で会議を開けばいいのです。

その場合、集まる人々は議題がなにか、そして課題がなにかわかっています。普段はメールで済まして効率化をはかっているリーダーが、会議を招集するのです。それだけで自分が参加する必要があるということがわかります。自分事の会議であることが認識できます。

自分事の会議であれば、黙って人の話を聞いているだけということは少ないはずです。話し合うこともあれば、意見を求められることもあるでしょう。

さらに、リーダーの采配で会議の進行をメンバーに任せるのもいいでしょう。担当者だけでなく、他の担当が会議を進行してもいいのです。すでに議題と課題は知らせてありますし。話し合うべきことは、参加者全員がわかっているはずです。

司会者が必ずしも内容に精通している必要はありません。司会者の役目は会を進行させるファシリテーターなのですから。

会議ではないのですが、私はチームの勉強会を当番制にしました。当番はメンバーと共有したい勉強の内容を用意し、プレゼンテーションをします。

仲間のプレゼンテーションであり、いずれは自分もやるべきことなので、他のメンバーも、真剣に参加していました。真剣な勉強会であれば質疑応答も出ます。

当番の人はもちろん、参加者も自分事として、しっかり内容を把握しようとします。勉強の内容を理解し、印象に残るというわけです。

リーダーである私はラクもできて、一石何鳥にもなる仕組みです。

欲しい情報であれば喜んで共有してもらえる

情報の伝達や共有のために工夫が必要なのは前述の通りです。必要な情報ほど相手に正確に伝わりにくいものと考えて、正しく伝える努力、共有するための働きかけが必要です。そしてもうひとつ、情報そのものにも工夫が必要であると考えます。なぜこの情報を共有するのか。この情報を受け取り、共有することでどんなメリットがあるのか。それを知らせることができれば、受け手は自分から情報をとりにきます。

この情報を知らないと損をするというアプローチの仕方もありますが、私は、よいことをアピールするほうがいいと思っています。この情報を知らないと困りますよと言われてアクションするのは、どちらかといえば受け身の行為です。この情報があると得をしますよと言われてアクセスするのは自主的な行為になります。

前述の通り、人間は自分事、つまり自主的にすることに関しては積極的に貪欲になります。他人事に対しては、やらなければならないとわかっていたとしても、どうしてもモチベーションが下がります。

ここでも説明のスキルがモノをいいます。この情報を受け取り、活用することで、なにを成し得ることができるのか。情報を共有することで、チームがいい方向に向かうというようなあいまいなことでは通じません。

情報を共有し、その結果想いを共有できたチームというのがどのようなものか。すでにそれを知っているメンバーにしか響きません。

たとえば日立製作所の研究開発グループは「組織の温度計」というものを確立しました。理想の組織のあり方や、個人が力を発揮しやすい働き方は多種多様ですが、このひとつの価値観では測れない「組織活性度」を、可視化しようというものです。これにより職場の「ハピネス度」も測定できるようになりました。ハピネス度が高いチームは成果がアップしているというデータもとれているそうです。

これも社内環境を可視化、データ化することで、課題や成果がわかり、メンバーが向かうべき方向性を共有するためのツールといえるでしょう。全社的に説明責任を大事にしているという企業体質が伝わってきます。

共有のためにできる工夫はいろいろ

情報や想いの共有は簡単ではありません。だからこそ、意識の高い企業やグループでは、そのためにいろいろな工夫をしています。私が実際に見た工夫をいくつか紹介しましょう。

ある企業では、社内で使うマグカップを会社が支給しています。マグカップの真ん中には、各チームの年度目標が印刷されています。

マグカップは毎日何度か使うものでしょう。そこに自分がなすべきことが書かれているのですから、毎日刷り込まれているようなものです。文字になった言葉には強い力があるので、自然に目標達成に気持ちが向かうことを狙ったのでしょう。

また、パソコンの電源を入れると、スクリーンセーバーにチームの目標が流れるという会社もあります。電源を入れたときだけでなく、一日に数度、目標が画面に流れるのです。これにもやはり強い刷り込み力があるはずです。

刷り込みというとムリヤリ感、やらされている感があるかもしれませんが、この場合は違います。

もともと知っていて、心に留めておくべきことを、自然に心と頭に残らせるための工夫です。実際、こういったチームのメンバーに目標を聞くと、しっかりした口調で答えてくれます。チームの目標が自分のものとして根づいていることを感じます。

新入社員に目覚まし時計をプレゼントする企業もあります。自分がセットした時間に、時計から社歌が流れだすのです。この会社は、社員の心をひとつにするために社歌も制作したということです。耳からの刷り込みですね。

それなりにお金がかかるとしても、社員の帰属意識が高まり、会社のために自発的に貢献しようという気持ちが育まれるのであれば、費用に勝る価値があることは間違いありません。

共有という成果は、通常目に見えることがありません。それだけに、本当に必要なのか。どうしたら達成できるのか。どのくらい達成しているかを、どうやって知ればいいのか。そんな疑問がわきだしてくるのも理解できます。

さらに、それをメンバーに伝えて実践してもらわなければなりません。やっぱりリーダーは、工夫一つでチームを如何様にも変えることができるのです。

根回しを軽んじると失敗することも

しっかりと説明責任を果たした。だれが、なにを、なぜ、いつまでに、どのようにやるかを理解してもらえたはず。そう思っていても、チームがひとつになれないケースはあるものです。

私がリーダーだったチームには、年上のメンバーが数人いました。あるとき上からの急な命令でキャンペーンを組むことになりました。

メンバー全員に必要なことを説明し、一丸となって頑張ろうということでミーティングは終わりました。

しかしそれから数日たったある日、メンバー数人が私のところに来て、キャンペーンには協力したくないと申し出ました。すべて年上のメンバーでした。

その瞬間、私は自分のミスを悟りました。ここまで来てしまっては、チームで心をひとつに進むことは難しいでしょう。根回し不足が招いた失敗でした。いくら理路整然と説明されて頭でそれを納得したとしても、感情がついていかないことがあります。人間ですから、ときには仕方ないことです。

ベテランは急な変化を嫌います。それは、自分のアイデンティティがおびやかされるからです。長年の経験があり、スキルを身につけてきた。それを年下のリーダーがやってきて、あれをしろ、これをしろという。自分のスキルが軽んじられているように感じてしまうのかもしれません。

スキルが認められないのであれば、残るは経験です。積み重ねてきた年月は、後から来た者に追い越されることはありません。ここで多くのことを経験してきた。その経験を生かして仕事をしたい。さすがと言われたい。けれど、急に新しいことにチャレンジするとなると、その経験が価値を保てるのか。

私はリーダーとして、そういう気持ちを汲み、まず年長のメンバーに相談すべきでした。みんなの前で決まったこととして説明する前に「こういうオーダーが来て、新しいことをしなければなりません。どうしたらうまく行くでしょうか」「○○さんの経験も参考にしながら進めていきたいので、力を貸してください」というような根回しをしてから説明をすれば、きっとチーム全体で共有することができただろうと思います。そのキャンペーン自体は、どうにか形にしたものの、チームの共有という面ではうまくいかなかった、苦い経験のひとつです。

くどくど説明するのは逆効果

リーダーにとって、説明責任がいかに大切か。ひとつの章を費やして説明しました。それなのに、ここまできて逆のことを言い出したと思われるかもしれません。この章の最後で伝えたいのは、説明にもいろいろあるということです。

説明責任を果たすということは、事細かに説明する、くどくどと説明するということではありません。部下がその業務に対し、しっかり腹落ちしたうえで、自分のこととしてチームのみんなとひとつの目標に向かう。そのために必要な説明を過不足なくするということです。

4W1Hのどれが欠けてもいけません。客観的な事実をベースに、必要に応じてデータなどを準備する必要があるかもしれません。相手によっては、事前に個別に説明するという根回しも必要です。

この説明をしたから十分ということではなく、自分のチームのメンバー全員に、正確に理解してもらう説明をすることが大切です。それが成し遂げられることで、メンバーのモチベーションがアップし、ポテンシャルがいかんなく発揮される環境が整います。チームが目標やそれに向かう想いを共有し、ひとつになることができるのです。

そう言われると、どこまで説明すれば責任が果たせているのか、メンバーに正しく理解されたのかがわかりにくい、そういう人がいます。説明が足りないといけないから、つい細部まで説明してしまう。各自の業務の枝葉の部分までくどくど話してしまう。業務を進めていくなかでも、理解されているかどうか不安で、何度も確認したり、再度の説明や追加の説明をしたりしてしまう。

それは残念なリーダーです。説明責任がなんであるかを把握するのもリーダーの力量です。責任を果たしたら、あとはどっしり見守るのが仕事です。メンバーそれぞれがやるべきことを理解し、自分で考えて役目を果たしていく。そういうチームをつくるのがリーダーの務めです。

メンバーを信じなければなりません。

それは自分を信じることにもつながります。

説明責任を果たし、チームに目標と想いを共有させたこと。メンバーが自分でできるよう育ててきたこと。それを信じられるリーダーになりましょう。

第3章

辛抱

辛抱がリーダーを育てる？

リーダーは孤独だという話をしました。

上からは色々と言われ、下からは突き上げられ、同僚はライバルです。気軽に相談できる相手もいない。リーダーとはそんな立場です。

でも、それは自分から動くことで変えられます。上との良好な関係を築き、必要なことは相談できるラインをつくっておく。

メンバーとはオープンな関係を築き、心をひとつに目標と想いを共有する。なにかあれば頼れる関係でもある。同僚とは情報交換はもちろん、同じ立場の仲間としてオープンに、忌憚なく話せる。

そんな関係を自分が築けばいいのです。それは、会社にとってもメンバーにとっても、なにより自分にとっても素晴らしいことです。

とはいえ、なかなか理想通りにはいきません。私自身、そんな完璧なリーダーであったことはありません。常に悩みもがきながら、チームのため、会社のために頑張るしかありませんでした。

そんなリーダーの日々は、辛抱の日々です。組織で働いていれば、誰もみな、なにかしら辛抱していることでしょう。小さなことから大きなことまで、辛抱しなければならないことは次から次へと起こります。

私が会社に入社したてのメンバーだった頃は、上司に怒鳴られることなど日常茶飯事でした。「四の五の言わずにやれ」とわけもわからないまま命令され、うまくできないと怒鳴られる。今そんなことをしたらパワハラで訴えられてしまうでしょう。

そもそも「二十四時間戦えますか？」というCMソングが流行するような時代でした。自分よりも会社を優先して、それこそ休日も返上して働くこともありました。今ならブラック企業の部類に入ってしまうような働き方も、めずらしくありませんでした。今、定年を向かえようとする世代の人たちは、少なからず「企業戦士」ともいうべき働き方をしていることでしょう。

当時の辛抱、または我慢と、リーダーになってからの辛抱は種類が違います。リーダーにはリーダーならではの辛抱があり、それはリーダーにとってしなくてはならない辛抱だといえるでしょう。

似て非なる辛抱と我慢

時代は変わり、一般的な企業では無茶な労働はなくなりました。それでも会社のために自分を犠牲にしていると感じるサラリーマンはいるかもしれません。我慢をしている人も少なくないでしょう。

辛抱と我慢は、耐え忍ぶという意味では一緒です。けれど、辛抱はすべきもの、我慢はなくしていくべきものだと私は考えます。

あまりにもひどい労働環境や、働きがいを感じられない我慢だけの仕事であれば、辞めることもひとつの選択です。我慢の先にあるのは不満だけです。そこには生産性がなく、いずれ爆発してしまいます。

一方、辛抱はする価値があります。辛抱とは、目的のために耐えること。「待つこと」です。自分自身が選択してする我慢という言い方もできるかもしれません。辛抱の先には希望があるのです。

我慢はさせられるものです。だから不満しか生み出しません。我慢するという言い方をしますが、好き好んで耐える場合、目的のために耐える場合は辛抱になります。

リーダーは目標のために、希望をもって耐えなければなりません。

辛抱のネタはいろいろです。目標達成までの道のりが厳しい。メンバーとの関係構築が難しい。メンバーが思ったように育たない。上司の説得が大変だなど。挙げていけばキリがないほど辛抱していることが多いのではないでしょうか。

それはつまり、先にある希望も大きいということになります。ただし、ただ希望を信じて耐え忍んでいればいいというわけではありません。耐えながら、常によりよい方向に進んでいく努力が必要です。

さらに、いくら先に希望があるとはいっても、理不尽に思える辛抱、我慢と紙一重に感じてしまう辛抱もあることでしょう。それを耐えるのがリーダーの役目だとしたら、やはりリーダーは大変で孤独な立場です。

研修で辛抱の話をするときは、誰もが通らねばならない道、間違いではない道だということを知ってもらうことで辛抱しやすくなればいいと思いながらすすめています。

犬ではなく亀を見習う

いくつかのチームでリーダーを務めた結果、色々なことを学びました。そして辛抱強くなりました。

チームのメンバーにはいろいろな人間がいます。たとえば一回指示すればすぐに理解して、ミスもなくこなすメンバーがいます。同じことでも一回では理解できず、二回目に薄々、三回にやっと全容をつかめるメンバーもいます。しかも、理解はしたものの実際業務にあたるとミスばかり。そんなこともあります。

三回言わないとわからないメンバーに「なぜわからないんだ」と言っても意味がありません。本人は一生懸命なのです。わざと理解しなかったり、ミスをしたりしているわけではありません。それがそのメンバーの能力なのです。でも他の面で大きな力を発揮するかもしれません。

前者のメンバーと後者のメンバーを比べるからイライラすることになります。それぞれそういう特性をもった人間なんだと理解することで、イライラはなくなるか、だいぶ軽減するはずです。

話が長く、メールに書かせても要点がつかめないメンバーがいました。「まとめて話せ、書け」と言ってもできないのです。そういうときは、まず結論から話すようにすすめたり、言いたいことを三つにまとめるよう指示したりします。そうやって具体的に指示すればできることが多いのです。

とはいえ、日々、思い通りにならないと感じてはイライラすることもあります。それは自分の心身にも周囲にとってもマイナスです。イライラはノルアドレナリンを生み出し、動脈硬化を引き起こすという説もあります。

ではそんなとき、どうすればいいのでしょうか。深呼吸をするのがベストです。亀は一分間に五、六回しか呼吸しません。だから長生きです。犬は呼吸が浅く、十数年の寿命です。六秒間の深呼吸でイライラが止まるともいわれます。

「イラッときたら深呼吸」と唱和させて頭を冷やし深呼吸することを意識づけている会社もあります。とにかくイラッを体から早く出すことです。深呼吸をベースに、自分なりの解消法を見つけて、イライラをためこまないよう気をつけましょう。

我慢しないメンバーの振る舞いを辛抱する

私が若手だった頃と今、その時代の違いは前述しました。今リーダーとなっている世代も、どちらかといえば私に近い環境で新人時代を過ごしたのではないかと思います。

今の若手を自分と比べては、辛抱するのはとても難しいはずです。ヘタをすれば堪忍袋の緒が切れてしまうでしょう。時代が違い、育ってきた環境が違いすぎます。おかげで私は、メンバーの母親に何度か怒鳴られたことがあります。

理由は忘れてしまいましたが、あるメンバーを指導するとき、少し強く注意してしまいました。自分でもちょっと言い方がきつかったかなと後悔したのですが、翌日、そのメンバーは出社しませんでした。

昨日のことが原因だろうと思って心配していたところ、九時半くらいになってメンバーの母親からの電話を受けました。「うちの子は今日、体調が悪くて出社できません」と言います。自分で電話ができないほど体調が悪いのか。そんなことが頭に浮かんだとき、母親が言いました。

「亀田さんは昨日、うちの息子になにを言ったんですか?」かなり強い詰問調です。「うちの子は亀田さんに怒られたと言ってショックを受けて、体調を崩したんです。どうしてくれるんですか?」

やはりそうかという気持ちと、なぜ自分がメンバーの母親に怒られなければならないのだという気持ちが入り交じります。みんなの前で大声を出して怒鳴ったわけではありません。もちろん、手を出したりはしていません。

それでも本人にとっては相当のショックだったのでしょう。母親にどんなふうに報告したのかはわかりませんが、自分の非についてはあまり伝えている様子はありません。そもそも自分に非があると思っていないから、出社を拒否しているのかもしれません。

理不尽にも思えましたが、そこは辛抱して、私はチームの主任をメンバーの自宅に向かわせました。代理で謝りにいってくれるよう頼み込んだのです。主任が代わりに怒られ、謝ってくれたおかげで、翌日メンバーは定時に出社してきました。

ただし、私と目が合うと睨むように視線を向け、そしてあいさつもなしに視線をそらしてそのままでした。それでも辛抱しないといけません。

違うということを受け入れる

前のページで、怒った部下に無視された私は、当然頭にきます。心配し、自分だけが悪いのではないと思いながら謝り（直接謝ったのは主任ですが）、その翌日も何事もなかったかのようにメンバーを受け入れたにもかかわらず、反抗的な態度をとられたのですから。

本来なら昨日の欠勤を謝り、その前日に注意された件や、母親の理不尽な振る舞いについてもひとこと謝罪をして反省してほしいくらいです。けれど、メンバーの気持ちはまったく逆です。問いただしたわけではありませんが「謝ったから許して出社してやった」くらいに思っていたかもしれません。

特にひどい辛抱例ではありますが、その他にも何回かメンバーの母親に怒られたことはあります。他のチームのリーダーが、会社に怒鳴り込んできたメンバーの母親に、受付で平謝りしているシーンを見たこともあります。そのリーダーの心中も、辛抱のひとことだったことでしょう。

若者世代は、親や先生に怒鳴られたこともない人が多いのだとか。体罰もめずらしくなかった私には驚くことがいっぱいです。

そういうメンバーは、会社に入社してはじめて人から強く注意を受けたり、自分のしたことにダメ出しをされたりするわけです。こちらとしては当然の注意や指示ですが、本人にとっては大きなショックなのだと思います。

子どもと一心同体で自分のアイデンティティにしている母親にとって、子どもを批判されることは自分を批判されるのと同じことです。今まで失敗などしていない大事な我が子、自分の成功作品である我が子を批判されるなど許しがたい。それこそ我慢できません。

今は大学入試や就活の面接にも親がついてくる時代です。最終面接で学生の名前を呼んだら、母親のほうが元気よく返事したという話もあるくらいです。

それがいいとか悪いとかいうつもりはありませんが、実際に自分のチームメンバーにそういうマインドの者がいたのです。家庭でも学校でも、自分を客観的に省《かえり》みたり、コミュニケーション能力を身につけたりする機会がなかったのでしょう。それが現実であれば、辛抱しつつ対処していかなければなりません。

最低限のマナーは人それぞれ

こんなこともありました。メンバーが五十人くらいのチームを率いていたときのことです。毎朝九時から十五分の朝礼をしていたのですが、あるとき隣のチームのリーダーが「亀田さんのチームの新人、朝礼のときに休憩室で弁当を食べていたけど」と言います。

まさかそんなことはないだろうと思いながら本人に聞くと「はい、食べていました」と悪びれもせず、当然のように答えます。頭のなかをクエスチョンでいっぱいにしながら「なぜみんなが朝礼をしているときに弁当を食べていたのか」と聞くと淡々と答えます。

彼の母親は、毎日彼に弁当を二つ持たせます。ひとつは朝、会社に着いて食べる弁当。もうひとつは昼用の弁当です。そこまでは過保護だなと思うだけですが、次の言葉に驚かされます。

「だから会社に着いて食べていました」

「会社に着いてから弁当を食べるのであれば、朝礼がはじまる前に食べ終わっているように」と、そんな当たり前のことを注意しなければいけない日がくるとは。

しかもそう注意したら、また母親から怒りの電話です。

「亀田さんは私の弁当に文句があるんですか?」

このケースでは、ただ謝るわけにはいきません。弁当に文句があるわけではなく、業務時間、しかも朝礼の時間に食べていたことを注意しただけです。それは守ってもらわなければいけません。

母親は憮然としたまま電話を切りました。納得させることはできなかったようですが、親の説得まではリーダーの務めではないので、文句を言いたいのを抑え、ただ辛抱しました。

就職氷河期が終わり、今は就活生側の売り手市場だという話も聞こえてきます。けれど、実際に目にする就活生は、まだまだ苦労しているようです。五十社、六十社の面接を受けたという話も聞きます。

そういう厳しい局面を乗り越えて入社した新入社員にとって、入社は社会人生活のスタートではなく、人生のゴールのように感じている節があります。

ここから先輩の指導を受けて頑張るというよりは、一大事を終えてほっとしたという様子に見えます。その感覚の違いをわかったうえで、辛抱しながら見守り、うまく導いていくのがリーダーの務めなのです。

理解はできなくても認めることはできる

怒られて会社に来なくなるようなメンバーでも、朝礼をさぼって弁当を食べるメンバーでも、一緒に働くうちに社会人としての常識やマナーを身につけていきます。そうなるようにサポートするのが、リーダーや先輩メンバーの役目です。仕事的にも成長していき、やがてチームに大きく貢献する人材になることも多いのです。そういうとき、辛抱のしがいがあったと感じます。

別のメンバーの話ですが、なにか話しかけるとすぐに「えー」と、イヤそうな返事をします。「これやっておいて」「えー、今ですか。わかりました」と、なんでも「えー」と否定的な反応をするので、話しかけたほうはカチンときます。

「おまえ、その『えー』っていうクセ、何とかならないのか」と言うと「えー、そんなふうに言ってますか?」と「えー」で返してきます。話しかけるたびに、どうにかしたいと思うのですが、本人の自覚も薄く、なかなか改善しません。

そんな調子なのですが、そのメンバーには得意分野がありました。企画書を書かせると顧客目線で実にわかりやすいモノを仕上げるのです。顧客に喜ばれたことが何度もあります。

「企画書がわかりやすいとお客様が喜んでいたよ」と伝えると「えー、そうですか」です。その頃はこちらも慣れて、もうあまり不快に感じることはなくなっていました。単に慣れたということに加えて、チームに貢献しているメンバーだと認めることで、悪いクセがあまり気にならなくなったという面もあったと思います。

時代が違い、環境が違うのは当然のことです。私たちも上の世代にそう思われていたはずです。まずは違うということを受け入れる。そうすることで相手を受け入れる準備ができます。

あまりにも違うものを理解するのは難しいことです。互いに理解しようとする努力は必要ですが、完全に理解できなくても想いを共有することはできます。わからない部分があっても、いい仲間でいることはできます。

大切なのは認めることです。たとえよく理解していても、認めることができなければ良好な関係は築けません。相手を認めることで辛抱もなくなっていき、希望が近づいてきます。

任せることは辛抱すること

繰り返しになりますが、メンバーに仕事を任せられないリーダーはダメです。リーダーの資質のひとつが辛抱だという理由も、これにつながります。任せることは辛抱そのものだからです。

上司から頼まれた資料の作成をメンバーに任せたとします。締め切りに間に合うか。きちんとわかりやすくできているか。ミスはないか。いろいろなことが心配で仕上がりまでイライラします。

はっきり言って、自分で片付けてしまったほうが早い場合が多いでしょう。よりよい形でつくれる自信もあります。経験が多いから当然のことです。でもここで手を出してしまえば、メンバーのモチベーションを低下させ、成長のチャンスを奪うことになります。それはリーダーとして最悪のことです。

途中でチェックをしたり、口出しをしたくなったりすることもあるでしょう。もちろん要所要所でのチェックは必要ですが、あまり細かくチェックをしたり頻繁に口出ししたりするのでは、任せたことになりません。自分の手先として作業をさせているだけになってしまいます。

このままでは締め切りに間に合いそうにない。そうなったら、やはり引き継いで自分で仕上げますか？　私はそれが誰に提出するものかを考えます。

上司に提出するものであれば、こっそり上司に根回しをします。「例の資料を○○君に任せているのですが、このままでは少し遅れてしまいそうです。あと二日いただけませんか」などと、希望の提出日を伝え、デッドラインを確認します。

期限が延びてもそのことはメンバーには伝えません。イレギュラーなことですし、いつでも延長できるとは限らないのですから、最初の期日に向けてギリギリまで全力で頑張ってもらいます。

対外的な資料であれば、手伝ってでも期限内に仕上げなければなりません。外部の関係者に対して、締め切りに遅れてはいけないからです。手伝う場合も、メンバーのモチベーションを下げないよう、励ましながらいっしょに進めます。

任せ、見守り、必要なサポートをする。自分でやるより心身共に手間がかかりますが、それを辛抱しなければチームは成長できません。

自分とも他人とも比べない

メンバーに対してイライラするのは、どんなときでしょうか？

なぜこんなこともできないのか。どうしてこんなに時間がかかるのか。いつまでたってもクオリティが上がらない。何度言っても凡ミスがある。

どれもイライラします。このイライラは、自分だったらできるのにという気持ちから発生するイライラです。自分もできない状態で相手を見守るのであれば、ハラハラするはずです。

メンバーはあなたではありません。当たり前のことですが、業務上では実は忘れがちなことです。どうしても自分と比べてしまうのです。今の自分と比べるだけでなく、自分がこのメンバーと同年代だった頃は……などと、過去の自分と比較してメンバーを評価し、勝手にイライラしているのです。

過去の自分と比べたところで、その記憶は美化されています。程度の差こそあれ、それが普通です。環境も違うのですから、過去の自分と今のメンバーを比べても意味がありません。仕事を任せたうえで心穏やかでいるためには、自分や他のメンバーと比べることなく、今仕事をしてくれているメンバーに意識を集中すること。

もちろんメンバーは大勢いるのですから、そのメンバーにずっと集中していろということではありません。そのメンバーと対するとき、その業務に対するときには、周囲は関係なく相手に集中しようということです。他のメンバーそれぞれに対しても同じことです。メンバー個別の仕事に対するときは、対象である相手に集中することが大切です。

過去の自分の経験を参考にするのは悪いことではありません。必要な場合もあるでしょう。若手のメンバーを見ていれば、その年頃の自分に重ね合わせることもあるかもしれません。それは好きなだけ思い出してください。

そのうえで、過去の自分とも、今の自分や他のメンバーとも比べない、客観的な視点で対象のメンバーを見るようにします。いつのまにかイライラが軽減しているはずです。イライラに変わって辛抱の気持ちが湧き上がってくるはずです。

なにかと比べることで判断したがるのが人間です。ついつい比べてしまっていることに気づいたら、その気持ちをいったん脇においてみてください。

名選手は名監督にあらず

スポーツの世界、特に野球の世界でいわれるのが、名選手は名監督にあらずということです。

自分がプレイすることと教えることとは、まったく別の才能です。そして、才能ある選手は、それゆえにできない選手の気持ちや、なぜできないのかがわかりにくいのかもしれません。

もちろん天才といわれる選手だって、血のにじむような努力をして技術を身につけたはずです。努力をしていないからわからないという意味ではありません。

そしてこのことは、野球以外の分野にもあてはまります。乗り越えてきてしまったこと、できるようになったことに関しては、できなかったときのことを忘れがちです。なぜできなかったのかなんて思い出せないこともあります。

メンバーに仕事を任せるとき、リーダーとしてはこれくらいできるだろうと思う業務を与えます。けれどメンバーにとってははじめてのこと。任されたというプレッシャーも手伝い、最初は思うようにポテンシャルを発揮できないこともあるでしょう。

そこで辛抱できずに干渉しすぎてしまうのはいけません。そして干渉よりももっと悪い影響を及ぼすのが、急かしたり責めたりすることです。

「この書類が間に合わないと、おまえのせいで私が怒られるんだぞ」

「こんなクオリティじゃチーム全体に迷惑をかけるじゃないか」

そんなふうに言われては、メンバーはますます萎縮してしまいます。

わざと失敗する人、わざとダメなものをつくる人はいません。それぞれ最善を尽くそうと努力しています。真剣な気持ちで、熱意を注いでつくったもの、した仕事を全否定するべきではありません。

リーダーに抜擢されたということは、名選手だったはずです。今がプレイングマネージャーであれば選手の自分と監督の自分を明確にわけて、監督専業であれば、選手時代の自分を一度忘れて、メンバーの育成にあたりましょう。

辛抱は多いけれど、そのぶん業務はメンバーに任せてラクをする。それが名リーダーのやり方です。

ミスをなくすなら良好な職場環境を

メンバーに仕事を任せるときには、環境を整えておくことも大事です。ここで言う環境を整えるとはハードの面でなく、ソフトの面のことです。

任されたメンバーは、慣れない仕事やプレッシャーで、それでなくてもノビノビと仕事ができない状態に陥りがちです。そんなとき、雑談をしたこともない、報告も相談もしにくい上司に、わかりにくい指示をされて、チーム内も話しにくい、相談しにくい雰囲気だったとしたら。

この環境はもう、ミスや失敗を誘っているも同然です。

組織の風通しがよいことは、ミスや失敗をなくす条件のひとつです。問題の芽を早期に摘んで、大きな問題に発展させないための有効な対抗策です。

ただし、私はミスすることにも意味があると思います。ミスは成長の第一歩であり、組織や環境を見直すために役に立つこともあります。ミスをしない人はいません。絶対ミスをするなといっても不可能です。

むしろ問題なのは、ミスしたことをすぐに報告できない雰囲気です。「ミスをするな」と言いすぎて、ミスが隠蔽されてしまったら……それは最悪の事態です。そのミスがさらなるミスに発展する可能性さえあります。

そのような風通しの悪い環境は早急に変えましょう。それができるのがリーダーです。


だからといって、リーダーにできることは限られています。結局、自分をとりまくもののなかで、自分で変えられるのは自分自身の未来だけです。

過去や他の人々を、自分が属する会社や組織を、自分の手で変えることはできません。相手が変わること、組織や会社が変わることを期待していると、イライラしたり辛抱が転じて我慢になってしまったりするでしょう。

自分の未来が変えられるのであれば十分です。そう考えて、辛抱すべきことは前向きな気持ちで辛抱したいものです。時代の変化にムリに合わせることはありませんが、変化したという事実を認識しておくこと。若手に対しては、当たり前や常識でつながろうとせず、理解しあうことからはじめましょう。

二十四時間戦うのではなく、愛のムチを上手に使い、ときには飴としてメンバーをランチや飲みに誘うのもいいでしょう。

第4章

強みへのフォーカス

業務分担のもととなる強み

チームが最大限のパフォーマンスを発揮するための条件とはなんでしょうか。これまでにもいくつか述べてきましたが、ここで述べるのは適材適所。メンバー一人ひとりが得意な業務にあたることです。

そんなの当たり前だと思われるかもしれません。当然そうしているというリーダーも多いでしょう。ところが、実際に自分のメンバーの業務分担に役立つ強みをあげてくださいと言うと、的外れな答えが返ってくることが多いのです。

たとえば、○○の資格をもっている。まじめ。一生懸命。支店ナンバーワンの営業成績を取ったことがあるなど挙げられます。

銀行の支店長一二〇人が集まる研修でも、そのような答えばかり出てきます。こういうことをメンバーの強みだと思っているとしたら、それは勘違いです。

もちろんそれぞれに素晴らしいことですが、業務分担に役立つ強みとは違います。取得資格については業務に直結するものかもしれませんが、やはり分担に役立つ強みではありません。

まじめや一生懸命は、社会人として当然のこと、基本のことです。不真面目なメンバーや一生懸命仕事をしないメンバーが、そうそういるでしょうか。

支店でナンバーワンの成績は、あくまでもそのときの結果です。もちろん、ずっとナンバーワンでいられるとしたらすごいことですし、そうしていられる理由はそのメンバーの持つ強みにあるとは思いますが、ここで言う強みとは、その人だけがもつ資質や特性のことです。他の人とその人を差別化する能力のことです。それを知ってこそチームの業務分担に役立ちます。

人間性やものの考え方、行動の仕方などが強みにあたるものです。どんなときにどんな行動をとるのか、どんな考え方をするのか、そういう内面のことなので、メンバーの強みを正確に知るためには、常日頃からの観察が欠かせません。

愛をもってメンバーを観察し、そこで探り出した強みにフォーカスします。強みを生かして仕事ができれば、イキイキと輝くはずです。

さらなるパフォーマンスを発揮して、やりがいを感じられるはずです。リーダーとしてメンバーに、そういった環境を整えてあげましょう。

顕在だけでなく潜在も見つけだそう

人間の内面に関わることだけに、強みには顕在的なものだけでなく、潜在的なものもあります。顕在的な強みは比較的見い出しやすいでしょう。リーダーであれば、メンバーの顕在的な強みはすでに把握しているかもしれません。

表に出ない分、可能性を秘めているのが潜在的な強みです。これは本人も気づいていない場合が多く、探り出すのはなかなか困難です。表面化していないため、普段からの観察でも見つけるのは難しいかもしれません。

どんなときに表れるかといえば、なにかイレギュラーがあったときでしょう。たとえば、トラブルがあったとき、普段はおとなしいメンバーが場を仕切ってテキパキと片付けをしてくれた。人前に出るのが好きではないと言っていたメンバーが、急に必要になったプレゼンを顧客の前で立派にこなした。そういうことも強みです。

チームの引っ越しの際は、普段は「仕切り屋」のメンバーが、慣れたメンバーの指示に黙々と従って掃除をしていた。そういう面も場合によっては強みになるかもしれません。

大切なのはメンバーの資質をできるだけ正確に、余さず知り、必要な場で出せるように導くことです。

私が現役リーダーだったとき、ルーティン的な事務作業を担当している明るくて積極的な女性メンバーがいました。もちろんその仕事も大切ですが、彼女にとっては事務作業よりも外に出て顧客と直接会う仕事が向いているように、私には思えました。

いきなり顧客と相対するのも難しかったので、まずは社内の大イベントの司会に抜擢しました。彼女は「とんでもない。そんな人前に出てしゃべるなんて、私にはできません」といって固辞しましたが、私は説得しました。

「君にはこういう資質があるから、このような業務は絶対向いているはずだ。万が一失敗しても社内のイベントじゃないか。私がすぐ後ろについていて、なにかあればフォローするから安心してチャレンジしてみてほしい」

結果は大成功で、はじめてとは思えない見事な司会ぶりでした。それをきっかけに、彼女のなかでも何か変革があったのでしょう。花が咲いたかのようにさらに明るくなり、その後、顧客に直接提案営業する部署へと異動、よい成績を残しているそうです。

強みによって成果は出る

ピーター・ドラッガーも強みにフォーカスすることの意義を述べています。

「何事かを成し遂げるのは強みによる。弱みによってはなにも成し遂げられない」という言葉です。

これも当たり前のように思えますが、このことを日頃からきちんと意識して強みを活用しているかどうかで、チームのパフォーマンスは変わってきます。

なかには、得意なことばかりではなく、不得意な分野にもチャレンジしてスキル不足を補っておいたほうがいいという意見があります。

しかしそうでしょうか。不得意なことというのはマイナスからのスタートです。いくら頑張ったとしても、一般的にはゼロに近づけるのがせいぜいというところでしょう。

気持ち的にも苦手意識があり、モチベーションを保つのは難しいはずです。その状態で、もともと得意だった人をいきなり抜くということは考えにくいでしょう。

得意なことであれば、もともと人より上にいっています。少なくともマイナスからのスタートではありません。得意なことなので、ほめられて頑張ればどんどん伸びることも考えられます。そのほうがチームに貢献できますし、本人にとってもやりがいを感じることができます。

ここで間違いを犯しがちな行動は、できるメンバーに仕事を集中させてしまうことです。今現在できるメンバーに仕事を頼み、仕事が遅かったり、ミスをしたりするメンバーには仕事を与えない。

これは強みにフォーカスしているのではなく、単なる手抜きです。

どんな仕事もある程度そつなくこなすタイプの人間はいます。リーダーにとって頼りになる存在ですし、それもそのメンバーの特性のひとつです。

けれど、そのメンバーの強みがなんなのか、わかって仕事を頼んでいるわけではないのです。このやり方では、仕事が集中したメンバーも、仕事のないメンバーも、どちらもイキイキと働くのは難しいはずです。

業務分担は各メンバーの強みにもとづくと同時に、業務量のバランスを考える必要があります。双方が合致することが、適正な業務分担の条件のひとつです。

意外と知らない自分の強み

メンバーの強みを探るのはリーダーの役割のひとつですが、その際、まず本人に自分の強みを聞いてみてください。理由も合わせて聞いておきましょう。いろいろなヒントになります。

すぐにあげられるとしたら、そしてそれがあなたの考えていた強みと違いがなければ、そのこと自体がそのメンバーの強みのひとつともいえるでしょう。自分のことをよくわかっていながら客観性があるということです。

「あなたの強みを三つあげてください」

就活の面接でもよく聞かれる質問ですが、いきなり問い掛けられて答えられる人は少ないです。あなたはいかがですか？　これが五つになれば、本当に難しいと思います。

また、本人が出した答えに対し、周囲の人間が納得するかは別問題です。本人が思っている自分像と、周囲がその人に対して抱いている人物像に距離があることは少なくありません。

リーダーとして、メンバーに本人の強みを尋ねる理由はいくつかあります。まずは本当にその人の強みを探るヒントとして。さらにどのくらい客観性があるかを見ることもできます。

それは同時に、そのメンバーの自己評価の基準を知ることでもあります。

自己評価は、高すぎても低すぎてもよくありません。もちろん他者を正確に評価することなど誰にもできませんから、あなたが感じる評価と差があるのは当然です。

ただ、それによって本人が行き詰まることがあったり、周囲との関係が滞りがちだったりしたら、さりげなくアドバイスできるリーダーでありたいものです。

自己評価が高すぎるメンバーに対しては、客観的な尺度を示してあげます。

低すぎるメンバーに対しては、自信をもたせてあげる。

この場合も、客観的なデータなどを示して、あなたはできる人間なんだということを伝えましょう。

頭ごなしに「うぬぼれている」とか「もっと自信をもちなさい」といってもダメです。本人に気づきがなければ変わりません。「私のことをわかってくれない」という不信感をもたれてしまうことにもなりかねません。

ポジティブ心理学の強み診断

アメリカ・ペンシルヴァニア大学の公式ウェブサイトには、強み診断ツールが無料公開されています。心理学の一分野である「ポジティブ心理学」の研究をもとに開発されたもので、世界中で利用されています。

開発者はクリストファー・ピーターソン博士とマーティン・セリグマン博士です。

ツール名は「VIA-IS」といい、ウェブサイトからアクセスして一二〇の質問に答えます。二十四の項目で結果が届き、上から順に自分の強みということになります。無料なので、自分自身や、チームのメンバーの強みを探るヒントにするのもいいかと思います。

参考までに「VIA-IS」にある二十四の強みをあげておきます。診断をしなくても、この項目を見るだけでなにかのヒントになるかもしれません。こういうことが、その人ならではの強みとして社会的に認識されているということです。

二十四の強み

愛情
ユーモア
スピリチュアリティ
好奇心
希望
感謝
公平さ
柔軟性
創造性
親切心
熱意
勇敢さ

審美眼
寛容さ
リーダーシップ
向学心
チームワーク
社会的知能
忍耐力
誠実さ
大局観
思慮深さ
自己調整
慎み深さ

強みへのフォーカスに時間をかけよう

強み診断に関してページを割いているのには理由があります。メンバーの強みと与えられた業務がマッチしているときが、チームにとって最良の状態だからです。最大のポテンシャルを発揮できる環境が揃ったということになるからです。

しかしその割に日本の企業や組織では、メンバーの強みをじっくり考えるという過程が踏まれていないように感じます。仕事というのは与えられるもので、必要な場所に必要な人数を用意する、細かな仕事の内容に関してはその後という感じがすることがあります。

ある程度のスキルや社会人経験があれば、一定レベルの仕事はできるでしょう。必要なレベルは満たせるのかもしれません。けれど、長くともに働くチームであれば特に、メンバーみんながイキイキと、やりがいをもって働ける場でありたいものです。そのためにリーダーがいるともいえます。

もちろんそれはメンバーのためだけでなく、よりよい成果を出すためでもあります。つまり会社に貢献できることになるのです。そのためには、メンバー一人ひとりの強みをじっくり探り、そこにしっかりフォーカスし、できるだけマッチした業務分担を行うべきです。

メンバーが自分の強みに気づいていない場合、意外な仕事を割り振られたと思うかもしれません。そんなときはフォローも必要です。

「自分では気づいていないかもしれないけれど、あなたにはこういう強みがある。だからこの業務にチャレンジしてみてほしい」と理由を説明することです。前述の、私がイベントの司会をまかせた女性社員の例が、まさにこれです。

説明もなく本人が嫌がることをやらせたら無理強いになってしまい、たとえ強みであっても、そのポテンシャルが発揮されないことがあります。

そうして失敗すると「やっぱりできなかった」と逆に自信を失う結果になってしまいます。強みが弱みになってしまったら本当にもったいないことです。

強みだからといって一方的に押し付けず、本人に心から納得してもらいましょう。それにより、本当に強みになって大きな力を発揮します。

ついつい起きている弱みへのフォーカス

強みへのフォーカスが、いかにチームとメンバーにメリットをもたらすかを述べてきました。それがなかなかできていないという現状も明かしました。

実は私がよく見かけるシーンでは、強みへのフォーカスができていないどころではありません。弱みにフォーカスしているのです。

「もっと会議で発言しなさい。やる気を見せなさい」というような注意。よく聞くのではないでしょうか。会議で活発に意見交換してほしい。そう思うリーダーとしては当然の指摘かもしれませんが、これではダメです。

人はダメなことを指摘されるとモチベーションが下がります。この言い方で注意されて「よし、次の会議からはどんどん発言するぞ！」と発奮できるとしたら、そういう人はすでに会議で積極的に発言しているのではないでしょうか。

それではどうしたらいいのか。この章でページを割いて説明してきたモチベーションを上げる方法を使います。強みにフォーカスするのです。

「君の思慮深いところ、慎重なところはビジネスにおいても必要だと思う。ただ、社内会議の席などでは、場合によっては消極的な印象を与えてしまう場合があるかもしれないと思ってね。それではもったいないから、会議でもう少し発言してみてはどうかな」

たとえばこんな感じです。まどろっこしいですか？　強みと弱みは表裏一体です。積極性は図々しいと受け取られることもあり、優しさは優柔不断、八方美人と言われることもあります。

チームのメンバーに注意や指導をするときには、相手の強みの部分から入るのです。「積極的でいいのだけれど、人によっては押しが強いと感じるかもしれない。空気を読んで必要なら抑え気味にできるといいね」などのように。

さらに「人によっては」とか「場合によっては」「いろいろな人がいるから誤解されることがあるかも」など、客観的な視点を交えて伝えると効果的です。

マイナスなことを指摘されると、それだけで萎縮してしまい、その後の内容が心に届かないことがあります。プラスのことを言う相手には、誰もが心を開きます。

その開いた心に向けて、誠実にアドバイスするといいでしょう。

成長に導くトライアングルとは

指摘したいことがあるときは強みから入る。これは基本です。相手の心を開かせることもそうですが、もうひとつ理由があります。人は言葉に導かれるからです。

「○○をしてはダメ」と言われたら、その○○をしてしまいます。それは先に○○という言葉を言ってしまっているからです。ダメかいいかは関係なく、○○が刷り込まれてしまうのです。そうして、自然にそれをしてしまうというから不思議です。

ある野球のコーチが言っていました。「クズ球には手を出すな」といくら言っても手を出してしまう。そこで心理学にもとづいて言い方を変えたらクズ球にはバットを振らなくなったそうです。どのように言ったかわかりますか？「いい球を選べ」だそうです。

同じように、子どもに「飛び出したらダメですよ」というのは適切な言い方ではありません。「左右をよく見て車が来ていないのを確認してから渡りなさい」というべきなのです。

言い方だけで、それほど行動が変わるものなのか。不思議に思ったり、にわかに信じ難かったりする人もいるかもしれません。

　しかし、この分野は研究が進んでいて、信憑性のあるデータも揃っています。万が一、どちらの言い方でもたいした違いがないとしても、悪いことを言うよりもいいことを言ったほうが、自分としても気持ちがよくないでしょうか。

　指摘したい部分というのはマイナス面です。そこに直線で切り込まず、まずいいことを伝えてから順を追って指摘したいことを伝える。三角形を描くように伝達することから、この手法は成長に導くトライアングルと呼ばれています。メンバーを成長に導くためのトライアングルです。

　たとえば「会議や打合せで全く自分の意見を言わないメンバー」がいるとします。

　通常であれば、「君は自分の意見を言わないな。だから、会議ではもっと積極的に発言しな

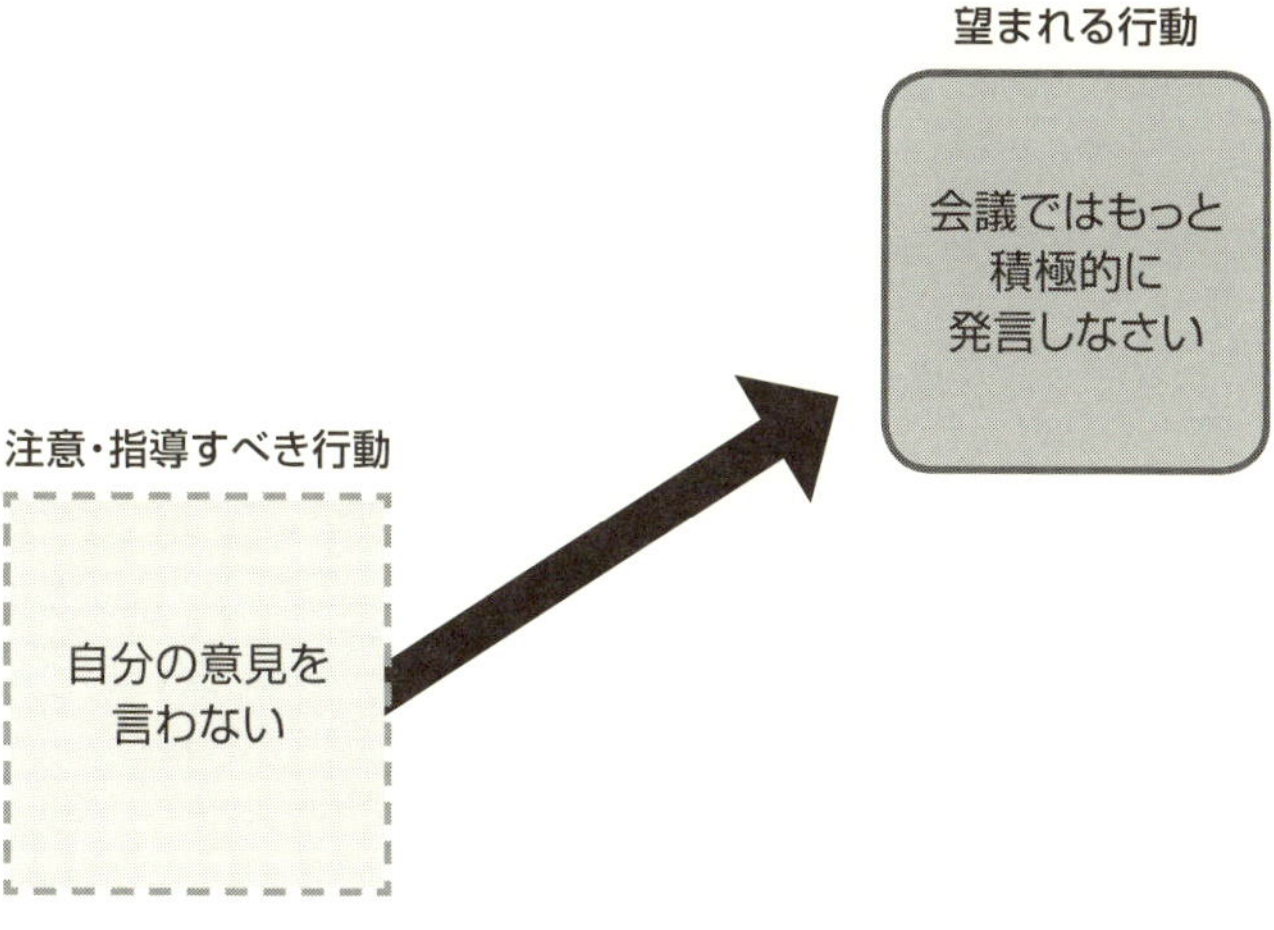
望まれる行動
会議ではもっと積極的に発言しなさい
注意・指導すべき行動
自分の意見を言わない

さい」となります。

リーダーは注意・指導すべき行動については、成長に導くためのリーダーシップと建設的な変化を目指した方法で伝えなければなりません。

そのためには、まず注意・指導すべき行動は、プラスやポジティブな行動と捉えることが可能な表現に変え、最初にそれを伝えます。

たとえば、次の図のようになります。

①君の強みは慎み深く、思慮深いということだと思うよ。（プラス・ポジティブ行動）
②でも見方によれば、または別の人から見たら、自分の意見を言わない人だと見られるこ

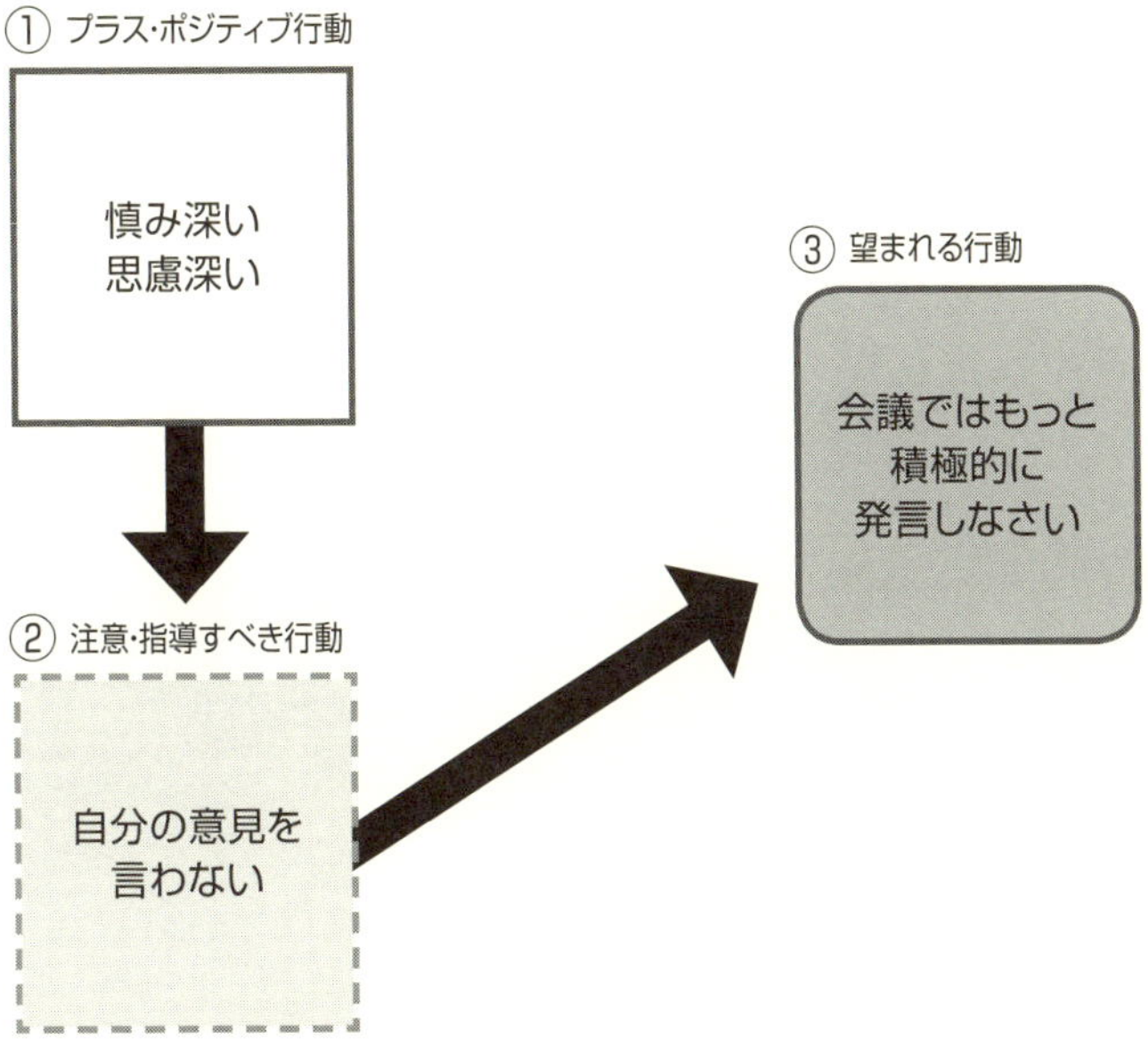

ともあるよ。（注意・指導すべき行動）

③だからこれからは、会議ではもっと積極的に発言したほうがいいと思うよ。（望まれる行動）

ここでのポイントはまず②の「注意・指導すべき行動」を「客観的に」伝えるということです。

主観的な意見では相手に受け入れられにくいですが、客観的な意見は受け入れられやすくなります。

また「望まれる行動」は、メンバーによって理解できるものでないと効果は上がりません。

日本では直接的な注意・指導はタ

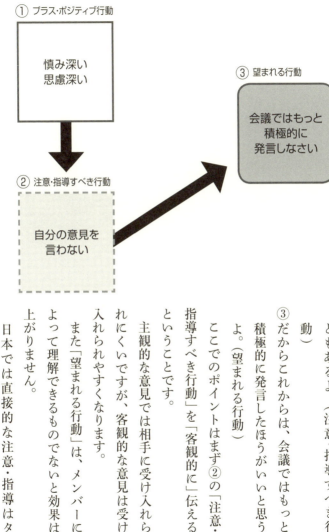

ブー視される傾向にあり、モチベーションを下げてしまう大きな要素になってしまいます。

その行動に対する「プラス・ポジティブ行動」の面を見極めて、認めてあげることが役に立ちます。

評価者研修における評価者の悩みとして、評価対象期間における「いい行動」はキチンと伝えられるが、「注意・指導すべき行動」はなかなかうまく伝えられない、ということをよく耳にします。この際にもこの「成長に導くトライアングル」を使うと効果的です。

下図の例Aでは、

①「君は一貫性があって、自分なりの

成長に導くトライアングルの例：A

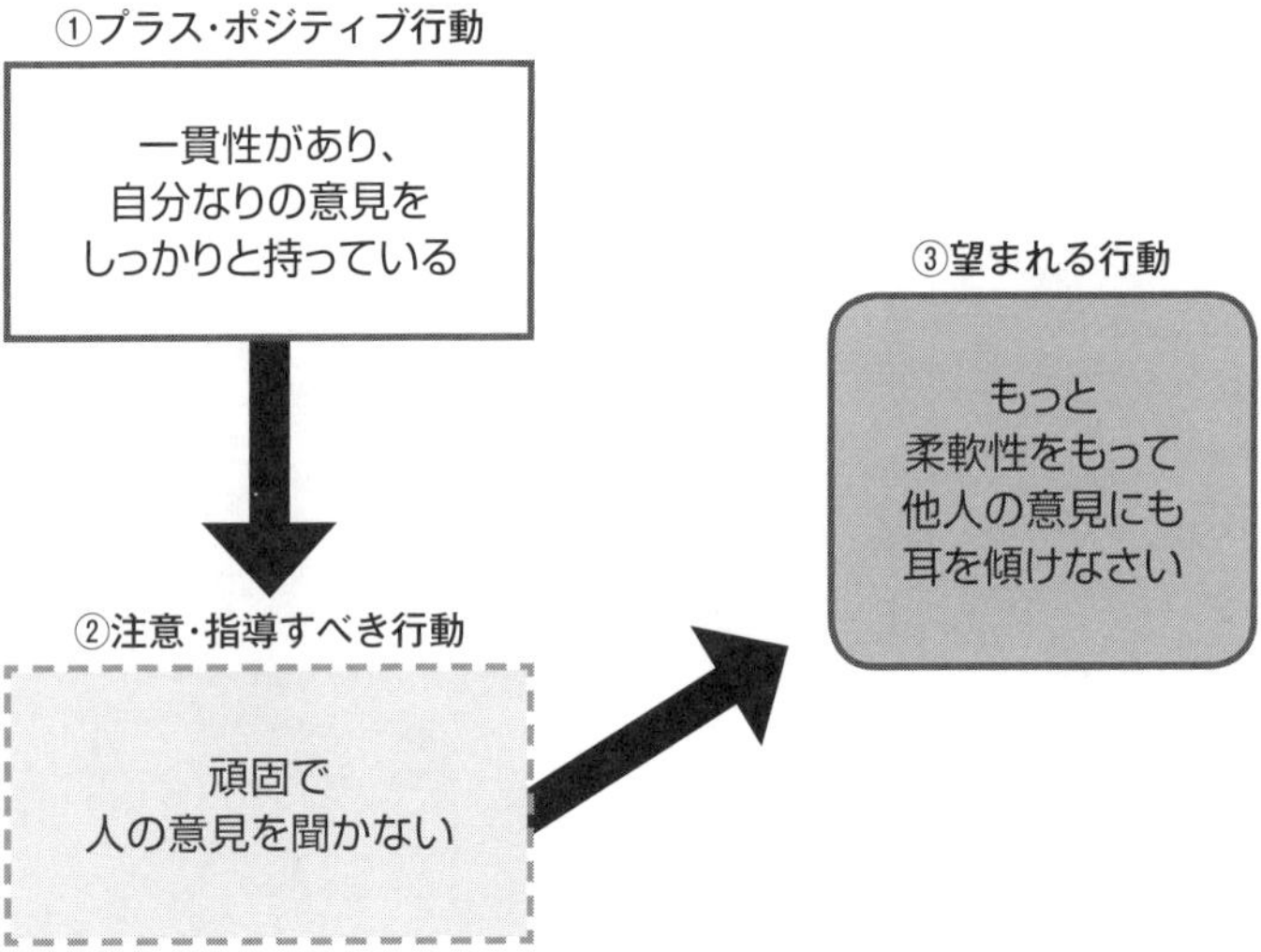
①プラス・ポジティブ行動
一貫性があり、
自分なりの意見を
しっかりと持っている
②注意・指導すべき行動
頑固で
人の意見を聞かない
③望まれる行動
もっと
柔軟性をもって
他人の意見にも
耳を傾けなさい

意見をしっかりと持っている、これは君にとっての強みだ」
②「ところが見方によっては、頑固で人の意見を聞かない、と思われてしまうこともあるよ」
③「だから今後はもっと柔軟性を持って、他人の意見に耳を傾けたほうがいい。そしたら更によくなるよ」となります。

また下図の例Bでは、
①「君の強みは寛容で大胆なところだ」
②「でも、見方によっては注意不足のところがある、と思われてしまうよ。それではもったいない」
③「だからこれからはもっと慎重に物

成長に導くトライアングルの例：B

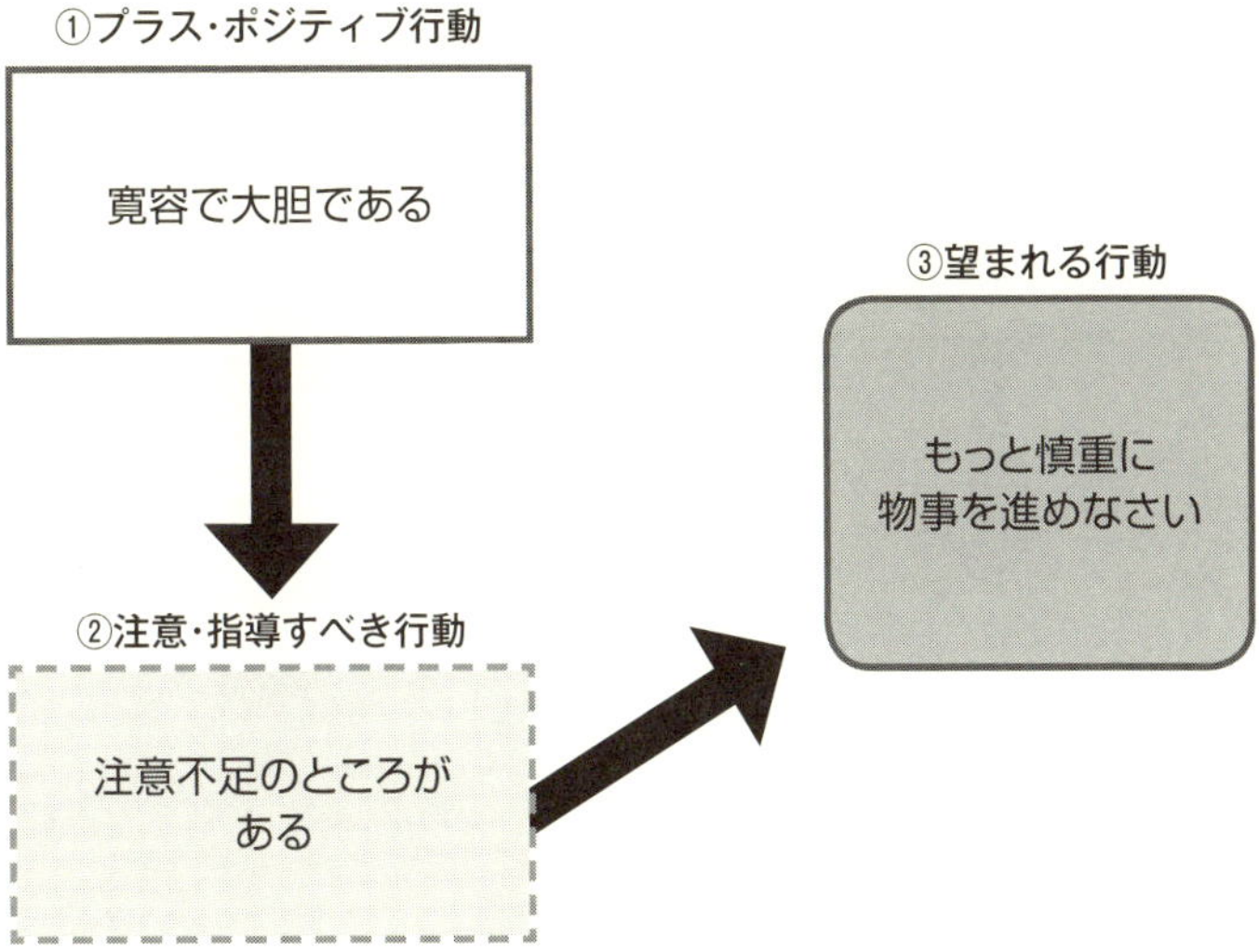

事を進めたほうがいいと思うよ」となります。

小さなことのように感じるかもしれませんが、リーダーとは細かい気配りができてこそ成り立つ仕事です。メンバーに気を遣うのが仕事ともいえるかもしれません。

私自身も最初はそれがわからずに、自分のやり方、言い方で押し通していました。そして何度も失敗しました。その経験があるから、小さな気配りの重要性も身に染みています。

練習	自分のメンバーにも試してみましょう。 前ページを参考に空欄をうめて下さい。

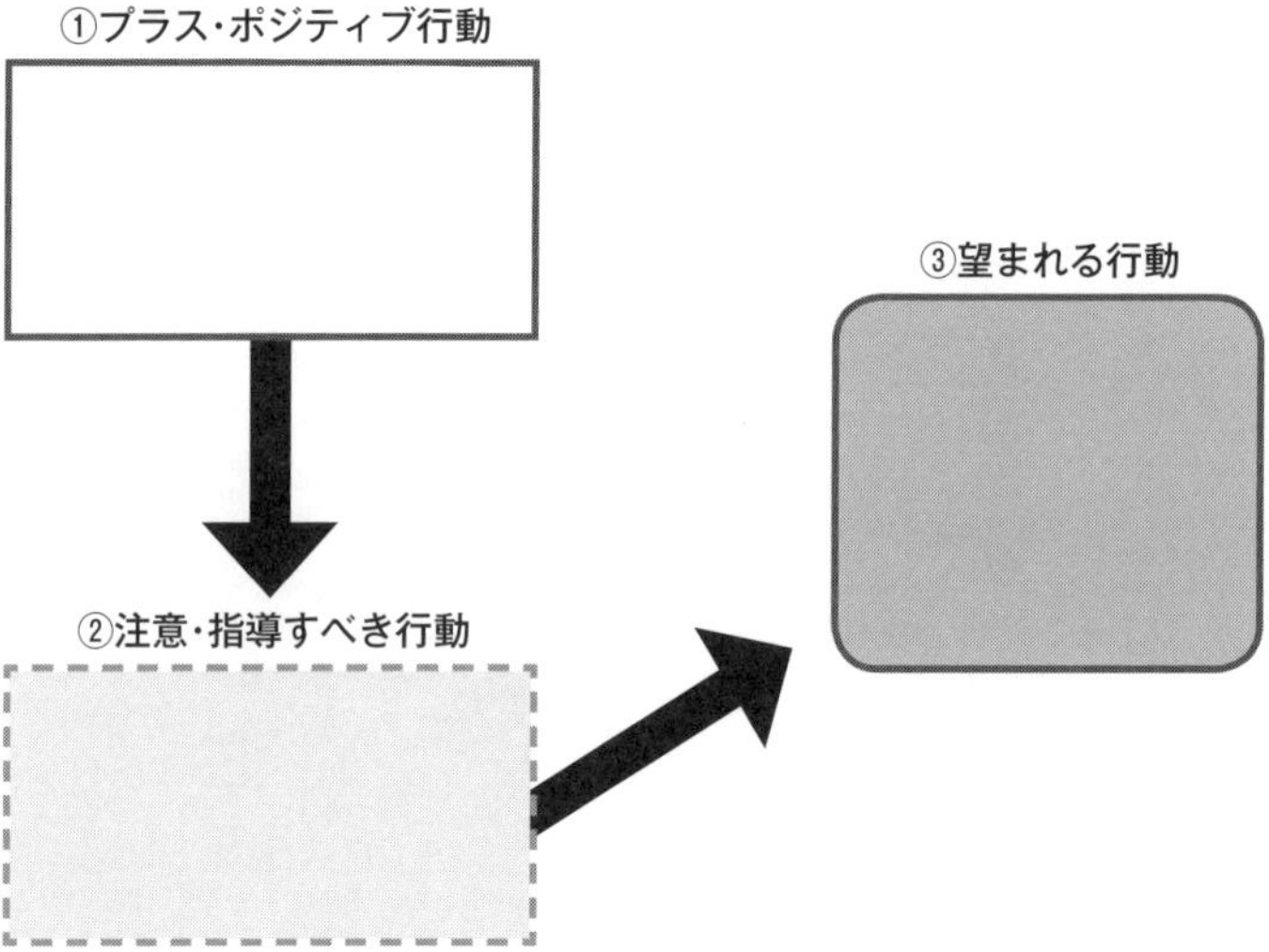

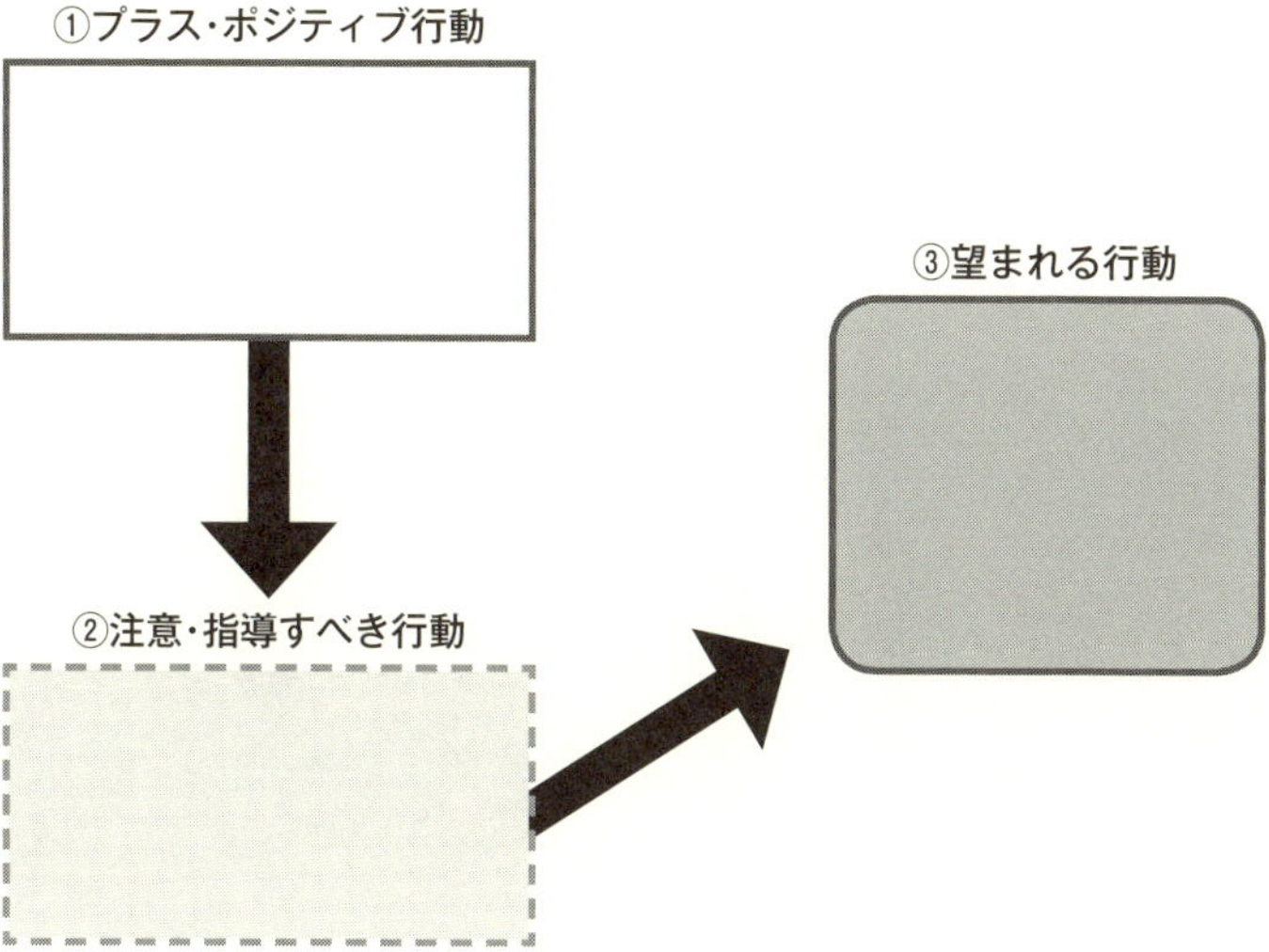
①プラス・ポジティブ行動
③望まれる行動
②注意・指導すべき行動

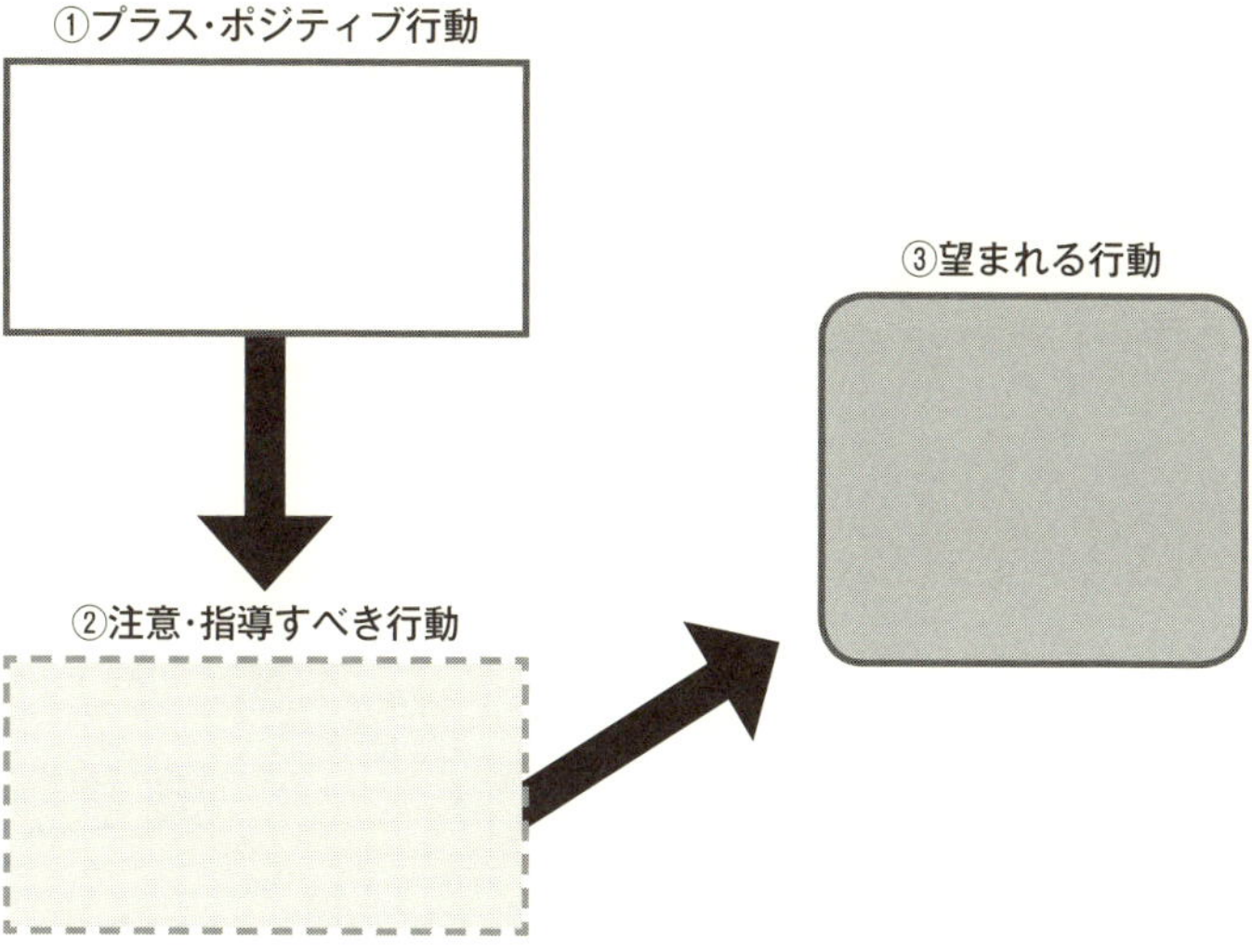
①プラス・ポジティブ行動
③望まれる行動
②注意・指導すべき行動

どうしてもトライアングルにできないこと

メンバーに対して適切な配慮をし、細やかに言い方や伝え方に気をつける。それがリーダーにとって大切なことだと述べました。ただし、それはメンバーの機嫌をとるとか、メンバーを腫れもののように扱うとかいうことではありません。

当然のことなので書くまでもないかとは思いますが、念のために少しだけお伝えします。メンバーの行動のなかで、絶対容認できないこと。いい伝え方を探してトライアングル方式で伝えるという手法が使えないこと、使うべきではないことがあります。

コンプライアンス違反やルール違反です。

このふたつに関しては、豪速球の直球で指摘してください。逆切れもモチベーションダウンも気にすることはありません。ただちに、はっきり指摘し、今すぐにやめさせなければなりません。

ただ、その場合にも客観的視点で指摘することを忘れないでください。

普段はメンバーみんなに心を配る穏やかなリーダー。そしてイザとなればリーダーシップを発揮し、チームを導く。ダメなことには毅然と立ち向かう。そんなカッコいい理想のリーダーに私自身憧れますが、もちろん夢ではありません。

人は相手のいいところよりも、悪いところに目が行きがちです。意地悪な見方のほうが簡単なのかもしれません。だからこそ、いいところを見てもらえるとうれしく感じます。信頼もわきます。

逆に相手に伝えるときは、いいことのほうが簡単です。いいことなら、あれこれ考えることなくどんどん伝えられます。

けれど、悪いことを伝えるときには、言い方や伝え方に気をつけなければいけません。リーダーとしてはとても気を遣う部分です。思い切って言いにくいことを言ってやったと思っても、相手の心に届かなければ、意味はありません。

一度発してしまった言葉は、取り返すことができません。

そして相手がどう受け取るかは、一〇〇%相手次第です。

「そんなつもりじゃなかった」といっても、訂正できるものではありません。

言い方については、いくら気をつけても十分ということはないと心得て、うまくコミュニケーションを取りたいものです。

第5章

脱カテゴライズ

日本人はカテゴライズ好き？

「今年の新入社員は積極性が足りないので、そのあたりを念頭においた研修をお願いします」

新入社員研修の講師として企業に赴くと、研修の担当者にこのように言われることがよくあります。そのような場合、はっきり言って私は、話半分に聞くようにしています。

「今年の新入社員は」「新人類は」「ゆとり世代は」……このような決めつけは意味がないと思うからです。特に「新入社員が積極的でない」というのはよく聞く言葉ですが、それは当然のことではないでしょうか。

はじめて社会に出た若者が、苦労の末に入社した会社で、いきなりグイグイと前に出てくるほうがめずらしいはずです。会社のことも上司のことも仕事のことも、まだなにもわからない手探り状態です。とりあえずは様子を見ている時期です。何に対して積極的になったらいいかもわかりません。

「最近の若い者はなっていない」

これは古代の壁画にも残されていた言葉だという話を聞いたことがあります。古今東西、年長者は若者に対してこう評価してきたということです。私もあなたも、若者時代にそう言われていたのです。

ゆとり世代は困るという話もよく聞きます。確かに、第3章の辛抱の話で例に挙げたような若者はいます。怒ると拗ねて親に言いつけ、親が文句を言いに来る。朝礼をさぼって弁当を食べている。彼らはたまたまゆとり世代だったかもしれません。しかし、だから「ゆとり世代」はみんなダメなんだということはありません。たとえその問題児がゆとり世代だったとしても、それは生まれた時期がたまたまそうだっただけです。

私は「あなたはゆとり世代だから○○ですよね」と決めつけるのは好きではありません。人は一人ひとり、みんな違います。ゆとり世代だからそういうことをするわけではなく、個人の性格や育った環境から発生した行動です。

日本人はカテゴライズ好きだと言われます。カテゴライズするということは、相手を知る努力を放棄していることではないでしょうか。コミュニケーションを通して相手を知ろうとするのではなく、属性を見て相手を判断しようとする傾向があるように感じます。初対面の人と親しくなるために必要なのは、相手のデータではありません。人と人としての会話です。

ブラジル人は全員O型？

海外から来日した知人によく言われることがあります。

「なぜ日本人はすぐに年齢を聞いてくるのですか？」

欧米ではよっぽど親しいか、なにか必要性がないかぎり、相手の年齢を聞くことはしないそうです。

「日本人はなぜこんなに血液型を気にするのですか？」というのも、よく受ける質問です。私の知るかぎり、アメリカ人は自分の血液型を知らないことが多いです。日本では自分の血液型を知らないと言うと驚かれるでしょう。

アメリカでは知らないのが当たり前。ましてや、血液型で性格を判断するなんて、なんの冗談かと思われるかもしれません。

実際にあった話ですが、ある会社では面接の最後についでのように「ところであなたは何型ですか？」と血液型を聞きます。実はこれがとても重要な質問なのです。

この会社の社長はAB型に偏見があり、AB型の人間は採用しないと決めているからです。その話を聞いたときは、それこそ冗談だと思いました。そして、自分の目で確かめたとき、そういう会社とは関わり合いたくないと思ったものです。

これは特殊な例であり、してはいけないことですが、日本では血液型によるカテゴライズが、一般的な雑談のネタとなっています。

ブラジルでは通用しない話です。昔のブラジル人は全員O型だったので、みんな同じような性格ということになってしまいます。といっても、生粋のブラジル先住民の話なので、現在のブラジルではO型が半数程度だそうですが、かつての先住民の部落では、全員が同じ血液型だったということです。

このように、カテゴライズには意味も根拠もありません。雑談のネタとして楽しむ分には罪はありませんが、それによって相手のことをわかったように語るのは軽々しいことです。相手は「自分のことを理解してくれようとしていない」と感じることでしょう。

日本人の多くは、すでにカテゴライズがクセになっているようです。そこから脱するのは難しいことですが、意識してカテゴライズをやめたいものです。

「ゆとり世代」は便利な言葉

ゆとり世代という言葉を使いたがるリーダーが多いことは前述しました。「○○世代」などはカテゴライズのなかでも便利な部類であり、だからこそ困った言葉です。自分に理解できないことはすべて、この言葉のせいにできるからです。

自分がメンバーのことをわかっていないわけではない。相手はゆとり世代なのだから仕方ない。そういうなんの根拠もない論理を、あたかも当たり前のように、正論のように振りかざしていることに気づいていません。

しかもゆとりという言葉には、必死で頑張ることをしていないというメッセージが暗に込められているような気がします。ゆとり世代という言葉は、肯定的な意味合いで使われている気がしません。

「自分たちは会社のため、社会のために身を粉にして働いてきた。それにひきかえ今の若い者は……」という批判めいた印象を受けるのは、うがった見方でしょうか。「ゆとりをもって、甘やかされて育てられてきたからダメなんだ」という否定的な気持ちが含まれているように感じるのは私だけでしょうか。

普段から「ゆとり世代は」とか「今年の新入社員は」などと、つい言ってしまったり、思ってしまったりする人は、ちょっと考えてみてください。

自分が人からカテゴライズされるとしたら、どんなものになるだろうかと。そして、それが的を得たことであるか、カテゴライズされるのがうれしいことかを想像してみてください。

もちろん、カテゴライズは悪いことばかりではありません。なかにはほめたり讃えたりするためのカテゴライズもあります。ときには便宜上必要なこともあります。それを、データのなかで使われる分には仕方ありません。

問題なのは、一対一の関係のなかでカテゴライズを多用することです。それは思考停止を意味します。なんの根拠もなく、相手やものごとを決めつけることになります。

相手を知るより先にカテゴライズしてしまうと、先入観のなかでしか相手を見られなくなります。それはリーダーとしても人間としても残念なことです。

レッテル貼りも問題あり

カテゴライズと同じような問題に、レッテル貼りがあります。カテゴライズは分類することを言い、レッテル貼りは相手に対しての決めつけを押し付けることという違いはありますが、どちらも同じような問題をはらんでいます。

カテゴライズも結局は、分類によって相手を決めつけます。そしてどちらも、その行為によって先入観を植えつけることになります。どちらも本来は悪い意味だけに使われるわけではないのかもしれません。けれど、肯定的なイメージよりも否定的なニュアンスを漂わせているような気がします。

このふたつの言葉の問題は、相手を孤立化させようとすることです。「こういう人間だ」と決めつけることで、自分を含むそうではない人たちとの間に線を引く。そういう行為につながります。それがエスカレートすると、差別やいじめ、嫌がらせへと発展していく可能性があるような気がします。

普段何気なくしているカテゴライズに、そこまで意味はないと言われるかもしれません。考えすぎだと思う人もいるでしょう。そういう人が多いのではあれば、やはりこの章を立てた意義があります。リーダーになったからには、自分のメンバーに対して何気なくしていることこそ、改めて見直してほしいからです。

自分にとっては大した意味をもたないことでも、相手にとっては捨てておけないことだというケースは多々あります。逆もまたしかりです。それが、本書の頭にある「メンバーのことがわからない」という悩みの根源であり、リーダーの悩みはここに集約されます。

人は自分がしたことに関しては鈍感で、相手にされたことに対しては敏感です。自分がしてあげたことには敏感で、相手にしてもらったことに対しては鈍感です。これは仕方のないことです。その事実を知り、意識して鈍感と敏感のバランスをとっていくしかありません。

カテゴライズやレッテル貼りをしない。チームメンバー全員が互いにしないことが大切ですが、強要しても意味がありません。

リーダーとして自分が実践する。それによってチーム内の雰囲気が変わるはずです。そのときメンバー間で互いに脱カテゴライズされた人間関係が築かれるでしょう。

「話せばわかる」を信じよう

私がチームリーダーをしていたとき、新入社員の歓迎会が企画されました。その当日、新人の女性メンバーが私のところに来て「本日、部の新人歓迎会があると聞いております。ただ、その歓迎会は業務内のことなのでしょうか?」と聞きます。歓迎会を開いてもらう立場のメンバーからのこの質問に、一瞬面食らいました。

「チームの先輩たちが、君たちを歓迎して企画したものだから、会社の業務としてのものではないよ」と答えると「業務内のことでしたら、参加をしますが、業務外のことであれば、私は不参加とさせていただきます」とのこと。理由はプライベートを優先させたいからでした。

今までにも私の経験から、飲みに誘っても断られることはたびたびあるので、このようなことは慣れています。

けれど、自分の歓迎会に参加しないというのは、さすがにめずらしいことです。業務外のことなのですから、文句をいう筋合いはありません。けれど、せっかくわざわざ新入社員のために歓迎会を用意したのに、という気持ちは拭えませんでした。

この話をすると、多くの場合「典型的なゆとり世代だね」という言葉が返ってきます。確かに「ゆとり世代」の使用例としてぴったりのシチュエーションだと思います。

後ほど、この女性メンバーを連れて、出張で全国の代理店を回ることになりました。代理店回りには宴会がつきものです。十七時まで勉強会をして、その後懇親会で飲みに行くのが慣例になっています。数軒はしごして、夜の二十一時や二十二時になることも珍しいことではありません。

その出張前に、私は女性メンバーに説明しました。

コミュニケーションを図るのも出張の目的のひとつだから、出張先での懇親会は業務の一環であると伝えました。

すると文句ひとつ言わず、遅くまで宴会に付き合い、酔っぱらった代理店のメンバーたちともにこやかに会話しています。

彼女はただ単に、宴席に付き合うことなど仕事ではないと突っぱねたわけではありません。業務上必要なことであれば、チームの一員として貢献しようとするのです。チームの一員としてなら、チームの歓迎会にも出席すればいいのに。そう私は思うが、彼女は思わない。それは彼女がゆとり世代だからではなく、彼女個人の考えと私の意見が違うだけなのです。

カテゴライズをあきらめの言い訳にしない

新入社員に積極性が足りないという意見が多いことは、すでに書きました。実際に研修をはじめてみると、そんなことは感じないというケースがほとんどです。私がカテゴライズに意味を見い出さないのは、そういう経験を何度もしているからです。カテゴライズにデメリットが多いことも事実ですが、それ以前に、意味がないことを肌で感じているからです。

一般的な日本人は、学校に通っている間ずっと、ティーチング形式で授業を受けています。先生が前に立って一方的に進めるおなじみの授業です。ということは、新入社員は自分から発言し、主体的に答えを導きだすということに慣れていません。大勢の上司が集う会議の席で、いきなり発言しろといってもムリな話です。

そこで、研修ではたとえばこんなワークショップを行います。参加者を五名前後のチームに分けます。それぞれのチームで、一人の発言者が自分の悩みを発表します。

その後、発言者は一度席を外し、残ったメンバーは悩みの解決方法を話し合います。十五分程度で解決方法をまとめ、席に戻った発言者に解決方法を提案。これを全員分繰り返します。

このワークショップでは、参加者それぞれの実際の悩みに対し、メンバーが解決策を話し合い提案します。つまりこのワークショップが終わったときには、全員の悩みに対し解決のアイデアが出されているということです。

解決策を導くのは同じ立場の参加者同士なので、講師である私がひとりであれこれ考えるわけではありません。話し合いの方向がそれたときなどに、アドバイスをするだけです。この方式はピア・コンサルテーションといいます。ピアとは仲間の意味です。

相談を受けるカウンセリングではなく、答えを出すコンサルティングなので、参加者みんなが自分のアイデアを出し、互いに意見を交わします。特別に積極的かどうかは別として、黙って聞いているだけの人はいません。

こうして発言させる仕組みをつくれば、意見は出てきます。もともと会議スタイルの集まりでは、気づきやアイデアは出にくいものです。会議で意見が出にくいというのなら、意見を出しやすい環境をつくってあげる。リーダーの腕の見せどころです。

個々を尊重する柔軟な時代へ

ダイバーシティという言葉を持ち出すまでもなく、今は「個」を尊重する時代です。かつて男性社会だった会社が男女同権を打ち出し、これからの時代、会社は小さな社会ともいうべき場になることでしょう。

男女だけでなく、老若男女がともに存在する社会。子どもと同伴で出勤したり、定年退職した社員が好きな時間に働いていたり、障害のある人とない人が仕事を分け合っていたり。多様性のなかでいろいろな価値観を見い出し、互いにいいところを見つけあい尊重する会社が増えれば、働きやすさは増すはずです。

国がいくら「働き方改革」を打ち出しても、実際に働く一人ひとりが本当の意味で多様性を受け入れなければ、今よりさらにイキイキできる労働環境や社会は実現しません。自分の考えを自由に言えると同時に、他の人々の意見も汲み取り受け入れられる。

こうして構成される場は、穏やかで誰もがやりがいに満ちているのではないでしょうか。

そういう社会や国家が実現するためには、それぞれの会社や組織、さらに個人の意識が変わらなければなりません。時間はかかりますが、目標と想いが共有されればきっと叶うはずです。少なくとも、少しずつでもいい方向へ向かうはずだと思うのです。

カテゴライズして違うものを排除するのではなく、違いを認め合い尊重する。そのためのベースになるのが柔軟性です。

ものごとに臨機応変にあたれるということは、接する人に対しても、決めつけることなく臨機応変でいられるということです。理想ともいえる会社や社会の実現は、みんながいかに柔軟性を身につけるかということにかかっています。

リーダーという立場は、自分のチーム、つまりひとつの組織を導いていくものです。理想に向かうための舵取りをする存在です。

ともすれば孤独であり、苦労も多い役職ですが、そこには大きな可能性とやりがいがあります。リーダーが変わればチームは変わります。リーダーが得た気づきがチームに共有されれば、チームはイキイキと輝き出します。

相対評価は意味がない

「パレートの法則」をご存知でしょうか。もともとは経済学者パレートによって発表された所得分布についての法則です。今ではマーケティング用語として広く知られており、人材活用を語るときにもしばしば引用されています。

そのグループにおける二割程度の数値が、グループ全体の八割程度を占めるというものです。たとえば二割の高額所得者が、その社会全体の八割の所得を占めるということです。その上位二割がいなくなれば、そこからまた上位二割が八割を占める。どんなグループでも、その繰り返しだと言われています。

人材活用の場にあてはめれば、二割のデキるメンバーが、チーム全体の成果の八割を上げているということになります。

類似の用語に「二・六・二の法則」があります。組織においては、二割のメンバーが優秀な働きをし、六割が普通、残りの二割が足を引っ張るというような意見です。アリやハチの世界から人間界にまで当てはまるとされています。

私は、自分のチームにはどちらもあてはまらないと考えてきました。二・六・二の基準というものは、そもそもどこにあるのでしょうか。またその判断基準はカテゴライズした当人の主観的な意見が大きいものではないでしょうか。

パレートの法則は経済を研究して編み出されたものですし、ハチやアリといっしょにされるのも心外です。

なにより、これらの法則は相対評価にもとづいているので、受け入れたくないと考えます。日本では教育現場も相対評価です。優秀な教師が教えてクラス全体の成績が上がったとします。そのなかの相対評価で五段階評価の成績をつけます。すると成績の悪いクラスだったら五レベルの子どもが、優秀なクラスでは三レベルになってしまうということが起こります。すると優秀なクラスにいたら損だということになってしまいます。

「鶏口《けいこう》となるも牛後《ぎゅうご》となるなかれ」と昔はよく言われていましたが、それだと、チーム全体のレベルアップが達成できないということになります。

それでは意味がありません。比べ合って評価する。無意味というよりは害の多いそんな状態を脱するためにも、カテゴライズ癖から脱する必要があります。

魅力ある労働環境とは?

メンバーみんながイキイキと輝ける職場。そんな環境で日々働くことができたら素晴らしいことです。リーダーにとって、それは人ごとではありません。自分がその環境をつくる源になり、牽引役にならなければいけません。

では、魅力ある労働環境とは、具体的にはどんな職場でしょうか? それはメンバーそれぞれによっても違うかもしれません。個々の目標があるのはイヤだという人がいれば、切磋琢磨しながら与えられた目標を達成する環境に身を置きたいという人もいます。公私をきっちり分けたい人もいますし、仲良く和気あいあいとして、休日も仕事仲間で遊びに行くようなチームがいいという人もいます。

そういった具体的な希望をすべて叶えるのは難しいでしょう。同じ志向のメンバーだけを集めるのは現実的ではありませんし、それはいいチームとは言えません。いろいろな人がいる、ダイバーシティ的なチームをひとつにまとめてこそ、柔軟な発想から生まれたよりよいものが、よりよい成果が望めるのです。

そこで最初の質問に戻りますが、魅力ある組織とは? 働きやすい環境をつくるためにはどうしたらいいのか？

私はそれを、「感謝の言葉が素直に言い合える職場」だと考えています。互いが感謝の気持ちで結びついている組織は、メンバーみんながイキイキと輝きながら働ける場であるはずです。そこでは困難も笑顔で乗り越えていけると思います。

感謝というと、なにか特別なことをしてもらったときに言葉として伝えることです。それだけではなく、日々、小さなことにもお互いに感謝の気持ちを持ってそれを伝えることができれば、チームの雰囲気は目に見えてよくなります。

まず感謝すべきは、このチームでいっしょに働けること、働いてくれることに感謝したくなりませんか？　「そういうメンバーもいるけれど、正直言ってあまり感謝の気持ちがわかないメンバーもいる」かもしれません。それは当然です。

そこで敢えて、感謝が思い浮かばないメンバーのよいところを考えてみてください。よい点、優れている点というよりも、感謝したいこと、「ありがとう」と言えそうなことを思い出してみると、意外と見つかるものです。

「ありがとう」を伝えることが感謝

「ありがとう」

これを当たり前だと思いますか？

実際にそうしていますか？

ちょっと家庭でのことを考えてみてください。常日頃、家族に「ありがとう」と口に出していますか？

こう質問すると男性の場合ほとんどが「感謝はしているが、いちいち口に出してはいない」と答えます。それでは感謝していることになりません。

感謝という言葉の語源を調べればわかります。感謝とは「なにかを相手にしてもらってありがたいという心が強く動いて、それを言葉にして伝えること」とあります。伝えるところまで含めて感謝なのです。「心のなかではちゃんと感謝している」という使い方は間違いで、言葉で伝えないうちは感謝にはなっていないということです。

今日からメンバーにも家族にも、感謝してください。気持ちを言葉で伝えましょう。

「お互い忙しくて、なかなか顔を合わせる機会がなくて」「今さら急に、面と向かって改めて口にするのは気恥ずかしい」

　そんな人は多いようですが、コミュニケーションの手段は、話したり聞いたりすることだけではありません。書く、読むもコミュニケーションです。メンバーの席にメモを残してもいいでしょう。eメールという手段もあります。感謝の気持ちを伝えるなら、個人的にはeメールよりも手書きのメモをおすすめします。

　難しく考える必要はありません。「今日もお疲れ様。毎日遅くまで帰れない日が続くようなら相談してくださいね。いつもありがとう」でいいのです。「お疲れ様。今日も一日ありがとう」だけでもいいのです。

　さすがに毎日メモを残す必要はありませんが、コピーをとってもらったり、メンバーが仕事の成果の報告に来たりしたときは「ありがとう」のひとことを忘れずに。もちろん、言葉を忘れないということではなく、慣れてしまって感謝の気持ちが薄れてはいけないということです。

　感謝もまた互いにするものですが、やはり相手に強要しても意味がありません。チームに自然と感謝の輪が広がるよう、リーダーの手腕を発揮してみてください。

おわりに

外資系生保会社を退職し、独立して会社経営を行うのと同時に、企業向け研修講師として活動するようになって早いもので八年以上が経過しました。

今では多くのクライアントの方々に支えられて、おかげさまでトータル一五〇〇回超の登壇依頼をいただくまでに至りました。

長くお付き合いをしているクライアントの方々からは、「亀田講師のリーダー時代に経験されたこと、登壇の際に気づかれたこと、を本にしてまとめられてはいかがでしょうか」というお声もいただき、今回の出版に至ったわけです。

さて、今回の『リーダーに勇気を、メンバーにやる気を与える5つのキーワード』は、私の経験談も交えてお話をさせていただきましたが、ご理解いただけましたでしょうか。

この本の中で、お読みいただけた皆さまにとって、現場で使えるヒントに一つでも二つでもなれば幸いでございます。

現在リーダーを取り巻く環境には大変厳しいものがあります。

ちなみに、労務行政研究所の二〇一四年に出したアンケートによると、「会社が期待している役割を果たせていないライン管理職は相当数いる」という深刻な結果も出ています。

確かに今までは「会社の方針や上司からの指示に従順であること」が美学であるとされてきました。

そして、「〜するべき論」で言われるがままに指示通りに動き、尽力することが美学とされてきました。

しかしながら、会社のビジョンや方針も環境や時代の変化に対応しているため、それだけでは会社が期待するリーダーとしての役割を果たしたことにはなっていない、ということをこのアンケートでは示しているのではないかと思います。

本書でも触れましたが、これからは一人ひとりの個人としての価値観や動機付けをリーダーが把握し、それを活かしていくことが必要となります。そのためには、フラットな立場で話し合える環境づくりがリーダーには求められます。

ダーウィンの進化論の名言として、「最も強いものが生き残るのではなく、最も賢いものが生き延びるのでもない。唯一生き残るのは変化に最も対応できるものである」とあります。

日々変化してゆく「今」についてゆくことがまさに今のリーダーには必要であると痛感しています。

逆に「決めつけること」は愚かなことです。「決めつけ」を生みやすいのは、「知識がない」ことです。

最近見た厳しい記事として、二〇二〇年には「中間管理職」が「なくなる仕事」のなかに入っていました。内容としては、「アイディアの出せない管理職は不必要で、必然的に組織はフラット化される」とのことでした。

フラット化すること、これも日本の組織においては未知数ではありますが、ＡＩ（人工知能）にとって代わられないように私たちも努力しなければなりません。

そのためには、私たちも色々と考えられうる変化に対応すべく、常に多くのアンテナを張って情報収集する必要があります。お互いに厳しいこの波を乗り越えてまいりましょう。そして、メンバーの心に寄り添っていくような取り組みをしてゆきましょう。

最後にこの本を出版するにあたり、多くの尽力をいただいた株式会社Be-jin代表取締役の石川利江氏、私を後押ししていただいた株式会社ブレインワークスの方々、そして私を応援していただいている多くのクライアントの方々に深く感謝したく思います。

みなさま、本当にありがとうございました。

亀田耕司

二〇一八年五月吉日

著者

亀田耕司（かめだ・こうじ）

慶應義塾大学経済学部卒業。一般社団法人PBLab. 代表理事。

英語検定1級、ISO14001審査員補、米国CFP取得。

国内・外資系生命保険会社に勤め、主に営業・マーケティング・企画業務に携わる。その後、営業企画部長などの要職を歴任後2010年に保険コンサルタント会社を立ち上げ独立。現在では、今までの経験を多くの方々にも伝えてゆきたい一心で、保険コンサルティング業とは別に企業向け研修講師としての仕事も手掛けている。講師としての年間登壇回数は200回、トータル登壇実績も1,500回を超え、講師満足度は97％超を誇る。

リーダーに勇気を、メンバーにやる気を与える5つのキーワード

2018年5月14日 〔初版第1刷発行〕

著　　者　亀田 耕司
発 行 者　佐々木 紀行
発 行 所　株式会社カナリアコミュニケーションズ
〒141-0031 東京都品川区西五反田 6-2-7 ウエストサイド五反田ビル3F
TEL.03-5436-9701　FAX.03-3491-9699
http://www.canaria-book.com
印 刷 所　株式会社報宣印刷
編集協力　平成出版株式会社　二木由利子
執筆協力　稲 佐知子
装丁/DTP　WHITELINE GRAPHICS CO.

ISBN978-4-7782-0432-7 C0034

カナリアコミュニケーションズの書籍のご案内

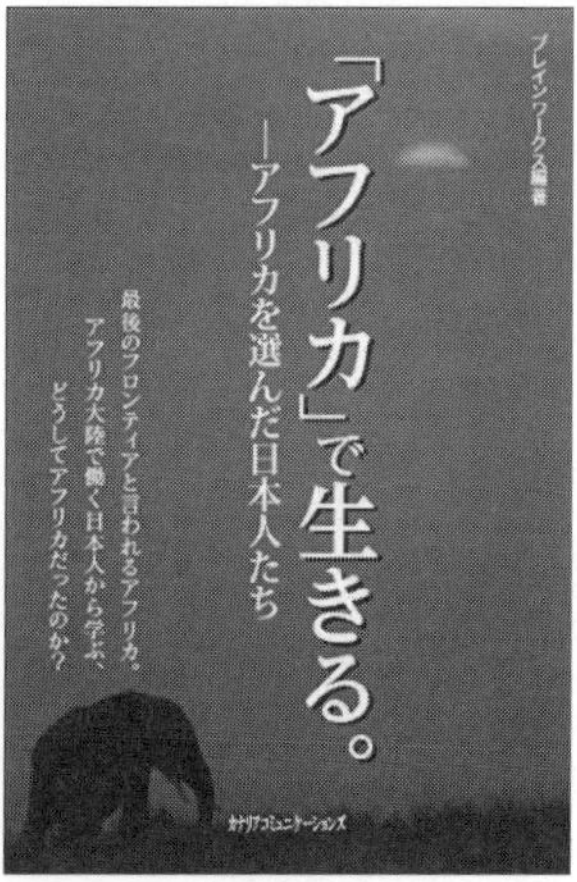

2017年4月20日発刊
定価 1400円（税別）
ISBN978-4-7782-0380-1

「アフリカ」で生きる。
ーアフリカを選んだ日本人たち

ブレインワークス 編著

最後のフロンティアと言われるアフリカ。

アフリカ大陸で働く日本人から学ぶ、どうしてアフリカだったのか？

青年海外協力隊、NPO活動、NGO活動、ボランティア活動、起業、ビジネスなどで様々な日本人が遠く離れた、まさしく日本の裏側、アフリカ大陸での生活はどんなもの？　貧困や感染症は？　アフリカのど真ん中でお寿司屋さん？　宅配便ビジネス？　日本人がタイ料理レストラン？　イメージ通りのアフリカと知らなかったアフリカがここにあります。

2017年9月20日発刊
定価 1300円（税別）
ISBN978-4-7782-0406-8

地球と共生するビジネスの先駆者たち

ブレインワークス 編著

地球温暖化などで地球は傷つき、悲鳴をあげている。
そしていま地球は環境、食糧、エネルギーなど様々な問題を抱え、
ビジネスの世界でも待ったなしの取り組みが求められる。
そんな地球と対話し共生の道を選んだ10人のビジネスストーリー。
その10人の思考と行動力が地球を守り未来を拓く。

カナリアコミュニケーションズの書籍のご案内

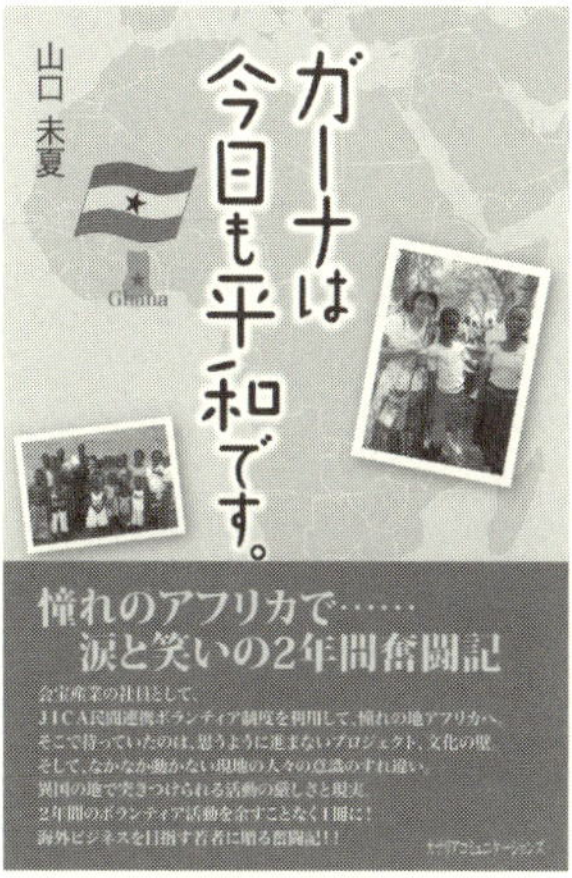

ガーナは今日も平和です。

山口　未夏 著

会宝産業の社員として、JICA 民間連携ボランティア制度で、憧れのアフリカの地へ。そこで待っていたのは、思うように進まないプロジェクト、文化の壁。そして、なかなか動かない現地の人々の意識のすれ違い。異国の地で突きつけられる活動の厳しさと現実。2年間のボランティア活動を余すことなく1冊に！海外ビジネスを目指す若者に贈る奮闘記!!

2017年10月30日発刊
定価 1300円（税別）
ISBN978-4-7782-0413-6

インドへの扉
13億人の大国インドに
飛び込む心構え

藤田　寿仁 著

こんな本が欲しかった! 13億人の大国インドの常識とは?価値観とは?
一般の解説書では分かりにくい、現地でのビジネスの流儀やネットワークの活用をストーリーで紹介!
近い将来、大きなビジネスの市場になるであろうインド。解説書だけではわからない、現地でのビジネスの流儀やおつきあいの方法。
そして会社だけではない日常生活ではインド流の知恵やルールをご紹介!

2017年12月20日発刊
定価 1300円（税別）
ISBN978-4-7782-0416-7

カナリアコミュニケーションズの書籍のご案内

2017年12月10日発刊
定価 1300円（税別）
ISBN978-4-7782-0415-0

草原に黄色い花を見つける

グエン・ニャット・アイン 著
加藤　栄 訳

思春期特有の切なさを少年の日常を通して描いた珠玉のストーリー
ベトナム人気作家によるベストセラー小説
1980年代後半、ベトナムの貧しい村に生きる兄弟と、幼なじみの少女、そして彼らを取り巻く友人や大人たちが織り成す日常の物語。
子どもらしい無邪気さと、思春期特有の不安定さ残酷さが交差する主人公には、大人は誰しもが、かつての自分を重ねてしまう。

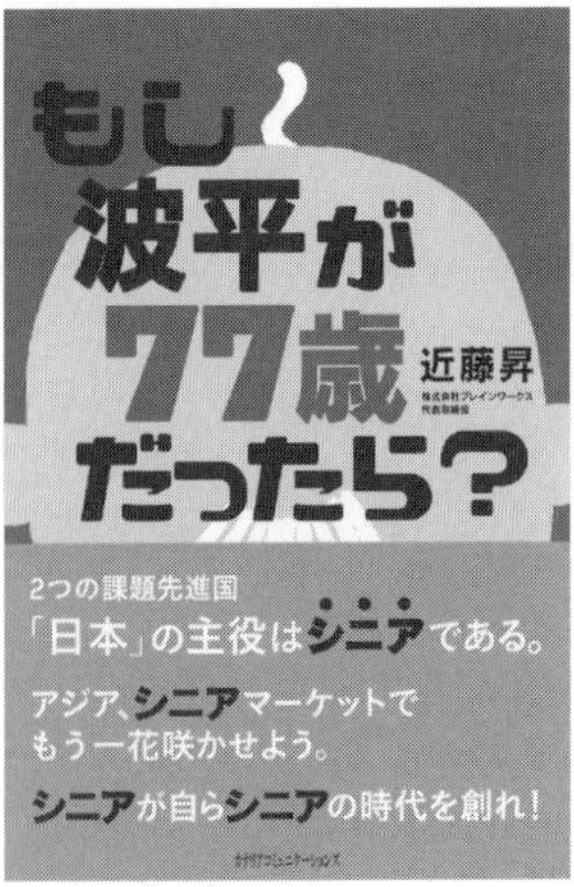

2016年1月15日発刊
定価 1400円（税別）
ISBN978-4-7782-0318-4

もし波平が77歳だったら？

近藤　昇 著

2つの課題先進国「日本」の主役はシニアである。アジア、シニアマーケットでもう一花咲かせよう。シニアが自らシニアの時代を創れ！

カナリアコミュニケーションズの書籍のご案内

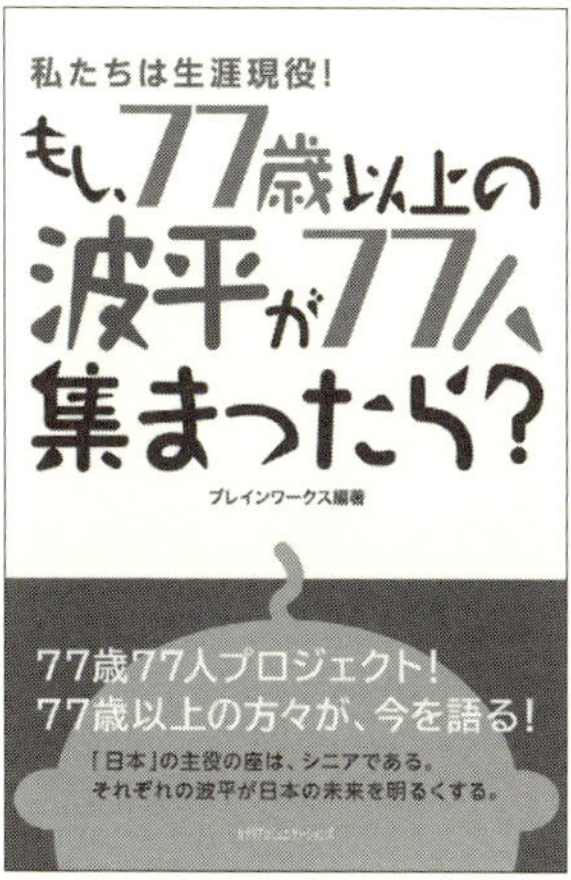

2017年2月20日発刊
定価 1300円（税別）
ISBN978-4-7782-0377-1

もし、77歳以上の波平が
77人集まったら?
私たちは、生涯現役!

ブレインワークス 編著

私たちは、生涯現役!

シニアが元気になれば、日本はもっと元気になる!

現役で、事業、起業、ボランティア、NPOなど各業界で活躍されている77歳以上の現役シニアをご紹介!「日本」の主役の座は、シニアです!

77人のそれぞれの波平が日本の未来を明るくします。

シニアの活動から、日本の今と未来が見える!

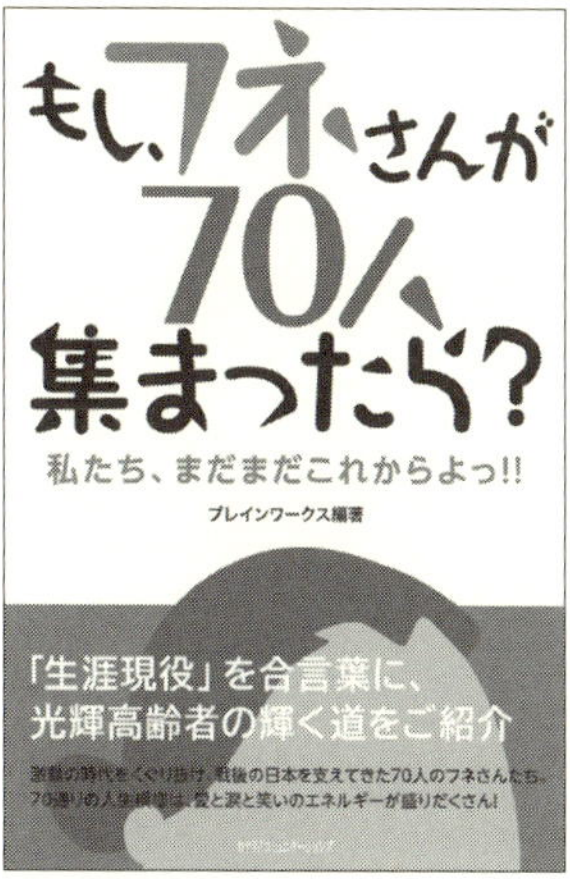

2018年2月10日発刊
定価 1300円（税別）
ISBN978-4-7782-0414-3

もし、フネさんが
70人集まったら?
私たち、まだまだこれからよっ!!

ブレインワークス 編著

激動の時代をくぐり抜け、戦後の日本を支えてきた70人のフネさんたち。

70通りの人生模様は、愛と涙と笑いのエネルギーが盛りだくさん!。

フネさんたちは、パワフルウーマン!

生涯現役で「感謝」の気持ちを胸に抱き、これからも元気をみんなに届けてくれる。

カナリアコミュニケーションズの書籍のご案内

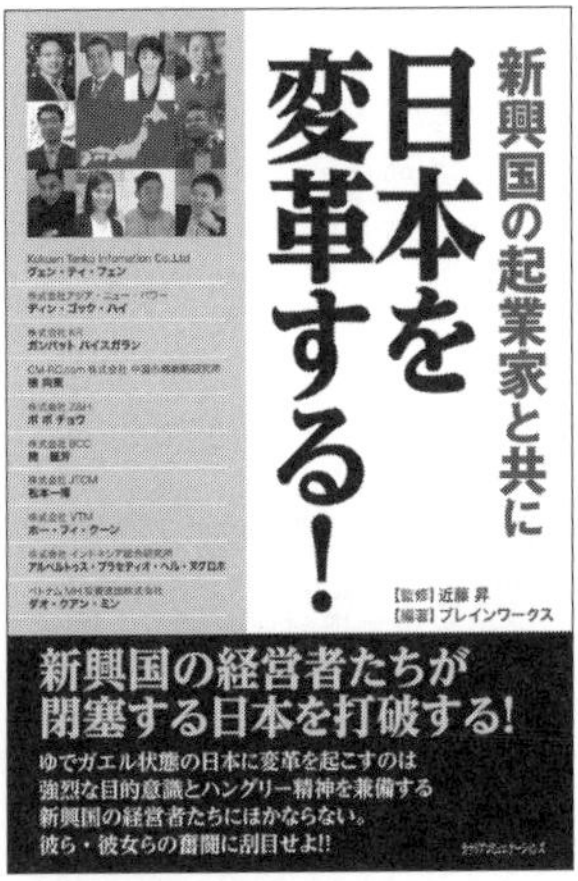

2018年3月15日発刊
定価 1400円（税別）
ISBN978-4-7782-0417-4

新興国の起業家と共に
日本を変革する!
近藤　昇 監修
ブレインワークス 編著

新興国の経営者たちが閉塞する日本を打破する!

ゆでガエル状態の日本に変革を起こすのは強烈な目的意識とハングリー精神を兼備する新興国の経営者たちにほかならない。

彼ら・彼女らの奮闘に刮目せよ!!

2018年4月29日発刊
定価 1300円（税別）
ISBN978-47782-0431-0

私を輝かせる賢い考え方 38
石川　利江 著

今は、女性が自分で生き方を自由に選べる時代です。

それなのに、迷ったり、悩んだり、なんだかモヤモヤしていませんか？

たくさんの女性の同僚や部下たちと仕事をしてきた経験をもとにあなたのモヤモヤを晴らすのに効果的な考え方のポイントをお教えします。